세월을 머금다
솜씨를 담다
부산의 점포

세월을 머금다
솜씨를 담다
부산의 점포

부산문화재단
BUSAN CULTURAL FOUNDATION

세월을 머금다 솜씨를 담다
# 부산의 점포

# 1부.

# 노포(老鋪)에서 온 이야기

쁘리야 김 │ 사진작가

아버지의 자전거를 끌고 나갔다가 넘어져 빵꾸를 내고는 소위 땜빵이라는 것을 하기 위해 자전거 수리점을 찾았던 소년은 50년이 지난 세월을 등에 업고 자전거 수리의 장인이 되었다. 꼼꼼하고 완벽함을 기하는 성격의 또 다른 소년은 시계 수리라고 하는 정밀한 작업을 이어받을 세대가 없다고 걱정을 해야 하는 70대의 장인이 되었다. 연탄을 배달하던 한 청년은 수영야류 기능 보유자가 되어 인생을 즐길 줄도 아는 놀이꾼이 되었다. 손재주가 많고 조각 솜씨가 뛰어났던 13세의 소년은 50년이 넘는 시간 동안 사람들에게 인장을 만들어 주기 위해 나무를 깎으면서 자신의 도를 닦고 있었다. 40년 넘게 신용 하나로 세탁소를 운영하는 주인은 자신만의 노하우를 가지게 되었고 정각 8시에 출근해 정각 8시에 퇴근하는 자신만의 삶의 타임 테이블을 갖게 되었다. 고왔던 젊은 처자는 먼 뱃길을 떠나는 뱃사나이들을 위해 필요한 물품을 대주는 억척스럽지만 여유를 잃지 않는 장사의 베테랑이 되었다. 왜관 근처에 자리 잡은 이발소에는 깔끔하고 투철한 직업관을 가진 이발사가 있었다. 기계 만지는 것을 좋아하던 호기심 많던 소년은 카메라를 수리하는 장인이 되었다. 60년 모자를 만드는 일에 종사한 장인은 패션의 화룡점정으로 멋스러운 모자를 꼽았다.

원도심에 살고 있다는 것은 역사와 함께 살고 있다는 말이다. 메밀국수를 먹으러 자주 가는 국숫집은 60년이 넘었고, 깊은 풍미를 느끼게 하는 빵집은 1959년에 세워졌다고 한다. 남해에 가도 이렇게 맛있는 멸치 찌개를 먹을 수 있을까 싶은 단골 식당은 삼사십 년은 족히 넘었고 심지어 일제 강점기에 세워졌던 은행 건물은 감격스럽게도 나의 작업실이 되어 주었다. 반평생 넘게 한 길을 간다고 하는 것은 수행하고 도를 닦는 일에 다름 아니라는 것을 책 편집을 위한 촬영을 하면서 공히 내가 들은 이야기들이다. 역사의 한 부분에 서 있다는 자각은 역사를 현실로 느끼게 될 때 언제나 감동으로 다가온다. 여기에 실린 생생한 글들은 서로 다른 이야기들이지만 한 길을 걸어온 개인들이 미역내 나는 부산포에서 써가는 역사이기도 하다.

한 사내가 눈에 들어온다. 금색 로고가 박힌 카메라를 어깨에 메고 작고 낡은 가죽 가방을 허리춤에 차고 있다. 그 안에는 하루하루가 적힌 작은 수첩이나 단단한 나무에 오목조목 조각된 도장이 오랜 친구처럼 들어앉아 있을 것만 같다. 사내가 쳐다보는 손목에는 물 건너온 듯한 시계가 무심한 듯 둘러져 있다. 세탁소에서 방금 찾아온 듯한 남색 점퍼에서는 벤젠 냄새가 가끔 묻어나온다. 자전거를 끌고 바닷가 언저리를 왔다 갔다 하며 해안가 시장을 기웃거리는 사내는 대략 60세 전후로 보인다. 장미가 강렬하게 그려진 작고 가벼운 담요를 들고 이리저리 살펴보던 사내는 여주인과 흥정을 하더니 색을 맞춰 베개까지 하나 산다. 단정하게 이발한 머리 위에 체크무늬 울 모자도 하나 올린다. 오늘은 바닷가 근처 허름한 여인숙에서 하룻밤 묵어갈 것 같다. 내일이면 원양어선 선원처럼 멀리 떠날지도 모른다. 겨울로 들어선 길목의 가로등, 그 아래 포장마차들이 다정하게 하나둘씩 불을 켠다. 사내가 기울이는 소주잔을 사이에 두고 무엇이 흥겨운지 얼큰하게 취한 옆자리의 두 남자는 회 한 접시를 앞에 놓고 니나노를 부른다. 회한에 젖은 듯한 사내는 홀로 묵묵히 생각에 잠기며 소주잔을 기울인다. 포장마차 아주머니는 연탄을 피워 꽁치를 한 마리 구워 오면서 사내에게 건넨다. "마이 잡수이소. 근데 못 보던 얼굴이네. 오데서 왔는교?" 소주 한 병을 막 비워낸 사내는 고개를 들어 아주머니를 쳐다보더니 빙그레 웃으며 말한다. "노포에서 왔어예. 여기 글에서 안 왔는교."

총론

# 노포- 부산을 기억하는 하나의 방법

조갑상 │ 소설가, 경성대학교 명예교수

## 1. 부산 미시경제사의 알찬 현장

'부산의 노포' 출간은 부산문화재단에서 기획한 '2016 부산문화 시리즈'의 하반기 작업으로 마련되었다. 책에는 기업 규모에는 이르지 않지만 역사적 의미와 문화적 가치를 발휘하는 상점 아홉 곳의 이야기가 담겨있다.

알다시피 부산은 1876년 개항으로 시작되어 일본과 대륙을 잇는 관문으로 발전했다. 이러한 도시의 특수성은 일본인 이주자들이 자리를 잡는데 용이한 조건이 되어 일제강점기 내내 전국에서도 높은 통계수치를 계속 유지했다.

일본인 거주자가 많은 만큼 경제활동도 그들의 손에 장악되어 조선인들의 경제활동 위축을 가져올 수밖에 없었다. 이 시기 일본인 위주의 제조업은 이후 부산 상공업의 틀이 되었는데 양조, 정미, 제염, 직물, 양말, 면장갑, 철공, 조선, 주철, 요업, 고무신 등이 주요 업종이었다.

이후 부산경제는 해방과 6·25전쟁, 1960-70년의 도시집중을 통해 발전, 변모해 왔다. 박정희 정부의 경제개발 계획이 실현된 1960년대의 신발, 섬유, 조선, 철강, 목재 등 노동집약적 경공업 중심 구조에서 그나마 대기업에 속하던 조선방직, 국제고무, 동명목재, 금성사, 동국제강, 조선공사 등의 기업들이 시대의 격랑 속에 사라지거나 부산을 떠났다.

그런 경제 형편에서 지난 2016년 11월, 부산 1호 100년 기업이 탄생했다. 합판과 마루판을 생산하는 성창기업이다. 대한민국에서는 여덟 번째 100년 기업으로 우리나라 경제사에 이름을 올렸다. 1955년 남구 우암동에 자리해서 지금은 총자산 6,493억 원에 전년도 매출 1,773억 원의 대기업으로 성장했지만 그 출발은 목재를 다루는 '성창상점'이었으며 경북 영주에서 첫발을 디뎠다. 한편 부산에서 시작된 대표적 근대적 회사로는 일제 초기 '백산상회'와 '고려상회'를 들 수 있지만 명맥을 잇지는 못했다.

이 책에 소개된 노포들은 주로 기술을 가진 자영업자들이 운영하는 가게다. 업종과 직업을 나누는 크고 작은 방법이 있겠지만 소개되는 점포와 운영자들은 소생산, 서비스업, 기술직, 단순자영이라는 틀속에 들 수 있다. 노포는 앞에서 살핀 제조업에 종사하는 이들이 연탄을 사고 시계를 고치고 인장을 파고 세탁물을 맡기는 곳이라고 말할 수 있다. 그리고 그들은 이 가게들의 단골일 수도 있다. 자영업은 우리 모두의 가까운 이웃이면서 부산 경제를 받치는 기둥이다.

책을 기획하며 대상 선정 기준을 50년 이상 종사의 2대 운영, 또는 당대 50년 이상으로 하였지만 점포의 운영자는 모두 당대에 그치고 말았다. 물론 여기에는 세탁소, 모자가게, 카메라 수리점, 이발소, 시계 수리점, 도장포, 연탄판매점, 자전거 수리점, 선원용품 판매점과 같이 상회의 규모가 작고, 기술을 요하는 업종이라는 사실이 원인으로 작용했을 것이다. 하지만 단순기능으로서의 기술이 아닌 장인(匠人)으로서의 기술이 요구되는 업종에서도 2대에 이르지 못하고 있다는 사실은 아쉽다.

독자에 따라 업종에 대한 친소관계는 다를 것이다. 세탁소처럼 모든 독자들이 이용하는 곳도 있지만, 배를 타는 이들만 찾는 선원용품 판매점처럼 전문가게도 있다. 또한, 연탄 판매점처럼 기억만으로 남아 있거나 아예 물건 자체를 본 적도 없을 수도 있으며, 도장포처럼 독자에 따라서는 한 번도 찾은 적이 없는 가게도 있을 수 있다. 하지만 모든 점포는 우리의 생활 풍속사와 더불어 부산의 어제와 오늘을 간직하고 있다는 점에서는 하나로 통한다.

이 책은 단순하게 노포를 소개하는 것으로 끝나지 않는다. 하나의 점포를 이야기하기 위해서는 그 업종의 역사적 맥락부터 상거래 방식과 사용언어, 당대의 사회적 경제적 형편, 당대 물가가 소개되어야 한다. 그리고 결국은 사람의 이야기니 점포 주인, 운영자의 인생살이가 펼쳐진다. 여기서는 언제 부산 사람이 되었느냐부터 언제 어떻게 지금 하는 일을 시작하게 되었는지가 소개된다. 경제활동은 경기와 한 몸이니 전성기와 쇠퇴기가 있고 이것은 곧 우리 사회의 변천과 연결된다.

점포는 장소성을 갖는다. 한두 차례 옮기고 지금 자리를 잡은 점포도 있지만 대부분은 시작했던 그 자리를 지키고 있으니 그 장소와 그 주위의 이야기는 곧 부산이라는 도시의 소중한 공간사이다.

그러나 가장 마지막에 남는 것은 그 일을 하면서 체득한 인생살이의 지혜, 철학이다. 한 우물을 파지 않았어도 사람이 철들고 50년을 살면 나름 세상과 인간에 대해 몇 마디쯤 훈수를 들거나 새길 말을 할 수 있을 테지만, 책에 나오는 분들은 같은 일을 50년 이상 해온 분들이니 생생하고도 귀한 말씀들이다.

## 2. 노포- 이야기의 바다

### -세탁소

집집마다 세탁기는 물론 의류건조기에다 스팀다리미기까지 있어도 우리는 여전히 세탁소를 찾는다. 세탁방법이 다양해지고 드라이클리닝을 해야 하는 옷감이 늘어났기 때문이다.

빨래하는 장면은 그림에 자주 등장한다. 조선 후기 화가 김홍도는 수량이 풍부한 냇가에서 빨래하는 여자들을 훔쳐보는 선비를 그렸지만, 박수근의 '빨래터'에는 여인네들만이 일렬로 앉아 헹구고 치대고 방망이질을 하고 있다. 이렇게 빤 옷감을 말리고 개는 것으로 끝나지 않고 헤어진 곳을 깁거나 다림질하기도 한다. 이렇게 집에서 이루어지던 세탁이 전문 가게에 맡겨진 건 명주와 광목 이외의 다양한 옷감들이 들어온 일제강점기부터다. 지난날 부산근대역사관에서 기획했던 1930년대 부산 중심가의 모형 거리에 대청정의 '야마시다세탁점'이 번듯하게 자리하고 있었다.

부산진구 부전동에 위치한 〈한미세탁소〉의 주인장 심갑섭 씨는 양장과 양복 일을 하다 이 업에 뛰어들었으니 평생을 옷과 살았다. 1971년 당시 변두리였던 반송에서 시작해 사직동을 거쳐 서면에 점포를 마련했으니 어쨌거나 성공했다고 말할 수 있다. 그동안 40원 하던 양복 한 벌 드라이클리닝 값이 7천 원이 되었을뿐더러 물세탁을 도맡아 해오던 아내는 인대가 늘어나 팔을 못 쓰게 되었다. 무거운 다리미를 들었다 놓기를 되풀이한 남편보다 아내가 직업병을 먼저 얻은 것이다.

업종마다 어려운 점은 있지만, 세탁업에는 변상이라는 무거운 짐이 늘 따라 다닌다. 얼룩을 잘못 빼거나 맡긴 옷이 분실되었다는 주장이다. 고가 명품일 경우 주인이 져야할 부담은 만만치 않을 것이다. 옷 관리와 찾아가지 않는 옷 처리도 고충이다. 세탁소를 배경으로 아름다운 소설을 쓴 이정임은 이런 모습을 「옷들이 꾸는 꿈」(2007)에서 "엄마는 아예 빨리 찾아가는 옷들과 천천히 찾아가는 옷들을 구분지어 걸어놓는다. 가을쯤이나 그보다 훨씬 뒤, 천장이 자라는 속도가 시들해지는 겨울이 되어서야 옷들은 열대림을 떠날 수 있다. 옷을 정리하는 날은 어느 왕의 무덤을 발굴하는 엄숙함과 시장 거리를 돌아다니는 소란함이 있었다. 하지만 즐길 수 있는 시간은 짧았다. 바닥에 내려 툭툭 털고 보면 그것들은 유행에서 너무나 지난 먼지뿐인 쓰레기였다." 라고 묘사했다.

부전동에 자리한 심갑섭 사장의 세탁소는 부근에 유흥업소가 많은데다 특별히 '삼백번지'라고 부르던 유곽 동네까지 끼고 있어, 그는 이 일대가 어떻게 변해갔는지를 증언해 주고도 있다.

수선까지 포함되는 세탁은 세심한 손길과 정성이 가는 일이다. 미국으로 이민 간 우리나라 사람들이 처음 시작하는 사업 중에서 몇 손가락 안에 드는 것도, 소액 투자금과 더불어 이런 특성이 작용하기 때문일 것이다.


-연탄판매점


연탄은 색깔에 따라 그 생명이 다르다. 생산되고 팔려갈 때는 새까맣고 불이 붙어 방을 데우고 음식을 익힐 때는 몸통은 발갛고 불꽃은

파르스름하다. 그리고 마침내 제 몸을 다 사르고 나면 아주 엷은 적회색이 된다. 집집마다 창고나 담에 쌓여있던 연탄은 큰 방, 작은 방 화로에서 몸을 태우고 연탄재가 되어 빙판길에 뿌려지거나 청소차에 실린다.

〈왕표연탄집〉 조흥복 옹의 이야기는 이 분이 5대째 부산 토박이면서 당집을 지키고 자기가 태어나고 사는 마을의 '수영야류' 기능보유자라는 점에서 매우 소중하다. 그는 수영사적공원과 수영로터리 주위가 논밭이었던 때부터 지금까지 한곳에서 80여 년을 살면서 50년째 연탄 배달 일을 하고 있다. 연탄판매는 손님이 직접 사러 오는 경우와 배달하는 두 가지 방법이 있다. 상품의 특성상 동리 단위에서 이루어지기에 지불방법에서도 외상이 일반화된다면, 판매자는 고객의 생활형편은 물론 성품까지 파악이 가능하다. 조 옹이 물건을 주고 돈 떼인 이야기를 하는 중에 야반도주라는 말이 나온다. 매일 얼굴을 대하고 아이들 이름까지 다 알고 지내는 사이에 아침에 일어나 보니 옆집이나 세든 이가 밤에 사라졌다면 얼마나 놀라겠는가. 통행금지가 있던 시절이라면 그네들은 새벽 사이렌이 울리자마자 보따리나 가방 하나만 들고 나서지 않았겠는가. 연탄과 같이 떠올릴 수 있는 팍팍했던 지난 시절의 가슴 시린 생활사이다.

석탄의 역사는 같은 땔감인 석유와 나란히 간다. 1973년 중동전쟁으로 유류파동이 났을 때 외상값이 일시에 들어오면서 그때부터 현금

16

거래가 시작되었다는 대목과 연탄회사 구역제 증언, 손'구루마'부터 운송과 배달에 동원된 이동수단의 변화 증언도 요긴하다. 사람은 이웃과 더불어 사는 존재다. 연탄을 사용하는 수영사람들에게 불편을 주지 않아야 한다는 조 옹의 마음가짐은 일상심이 곧 도(道)임을 다시 깨닫게 한다.

-이발소

이발소는 책에서 다루는 업종 중에서 가게 주인과 손님 사이의 신체적 접촉이 가장 가깝게 일어난다. 대기 시간이 있는 데다 머리를 깎는 시간이 길고 단골이 많기에 이발사와 손님 사이에는 사적 대화부터 세상사에 대한 대화가 이루어지는 동네의 담론 공간이기도 했다. 지금은 달라졌겠지만, 젊은이가 진정한 남자로 태어나는 군 입대를 앞두고 들르는 필수 코스 중의 하나이기도 했다.

지난 시절의 이발소를 떠올리면 생각나는 것 중의 하나가 반들반들 잘 닦인 체경 위 벽에 걸려있던 그림이다. 고풍스런 액자 속에 든 그림은 원근법이 무시된 무척이나 목가적인 우리 시골과 서양의 풍광이다. 어느 가게에나 걸려 있었던 그런 류의 그림을 '이발소 그림'이라고 불렀다.

이발사는 오래전부터 서양예술 작품에 자주 등장하는 유능한 인물이었다. 근대소설의 효시라는 『돈 끼호테』에서 이발사는 마을 신부의 친구로 돈 끼호테의 서재를 뒤져 주인공에게 해가 된다고 판단한 기사소설을 찾아내는 장면에 나오며, 「세비야의 이발사」라는 오페라에서 이발사 피가로는 만능재주꾼이다.

창간 50년을 맞은 계간지 〈창작과 비평〉 첫 호, 첫 소설작품으로 게재되었던 이호철의 단편 「어느 이발소」(1966년)는 얼어붙었던 당시의 권위주의적인 사회 분위기를 잘 압축하고 있다. 소설에는 이발규정에 따라 안마와 귓속 후비기가 금지되어 있다든지, 머리를 삼부로 깎기를 권하는 주인에게 젊은 손님이 국민학생으로 아느냐고 기분 나빠하는 장면이 나오기도 한다.

중구 동광동 〈정원 이용원〉의 60년 경력의 서정현 대표는 이런 이용소의 변천사를 훤히 꿰고 있는 분이다. 머리 감기기부터 시작해서 잘 가르쳐주지 않는 면도 기술 등 이용기술을 배우는 순서, 헤어스타일의 종류와 유행, 장발 단속과 퇴폐업소의 등장과 퇴조, 종업원 14명을 고용했던 기업형 이용소 운영까지 그의 증언은 해박하고 풍부하다. 단골로 오던 손님이 언제부터인가 발길을 끊으면 세상을 떠난 거로 보면 틀림없다는 발언은 노포가 우리 인생의 축도임을 잘 보여준다.

## -자전거 수리점

자전거는 세대를 떠나 저마다의 기억을 간직하고 있는 탈것이다. 동요는 물론 소설에도 자전거는 소재로 자주 나온다. 1908년 지금의 금정구 남산동에서 태어난 김정한의 중편 「농촌세시기」에는 처음 자전거를 본 꼬마들이 넘어지지 않고 이리저리 핸들을 꺾는 모습이 신기해서 박수를 치고, 장꾼이 헌 자전거를 사서 장돌이를 하는 장면이 나온다. 정찬과 김광수는 소설의 제목을 아예 자전거로 이름 짓기도 했다.

지금은 자전거 대여가 관광지에서만 이루어지지만 1960년 70년대에는 자전거 수리점에서 대여까지 했다. 자전거를 처음 배우는 꼬마부터 고등학생까지 얼마 안 되는 선금을 맡기거나 학생증을 맡기고 자전거를 탔는데 문제는 사고를 내는 경우였다. 사람을 치기도 하고 노점의 물건을 부수어 피해자들이 울상이 된 아이를 데리고 집까지 찾아가 치료비와 피해금을 받아갔다.

부산은 배산임수 형태의 지리적 여건으로 자전거를 타는 데 불편한 도시라는 말들을 했었는데 산을 머리맡에 둔 중·동구와 영도, 서구 등이 부산의 중심이었을 때는 고개를 끄덕일 소리였다. 무엇보다 자전거가 무공해 교통수단이라는 명백한 사실을 교통행정에 반영해야 한다. 프랑스 파리 같은 대도시에서도 자전거 타기는 일반화되어 있다.

　이기호 사장은 부전로 37번지에서 자전거 수리점을 운영하고 있다. 그의 회고 속에는 우리나라 자전거의 대명사인 삼천리 사에서 대리점에 완성품을 보내지 않고 바퀴부터 프레임까지 모든 부품을 보내 그곳에서 조립해서 팔았다는 얘기와 자전거 한 대 값이 쌀 한 가마 값과 같이 갔다는 이야기가 재미있다. 완성품을 팔 때는 상품에 대한 소개와 판매 능력이 모두이지만 부품을 조립해서 판매하는 과정에는 기술력과 더불어 자기가 파는 물건에 대한 애정과 책임감이 담긴다. 근대 이후 우리가 겪는 소외가 교환가치 일변도의 생산방법에서 나왔다는 사실을 다시 한번 생각하게 한다.

-시계 수리점

　요즘은 스마트폰 때문인지 손목시계를 잘 차고 다니지 않는다. 결혼식장에서도 신랑·신부 간에 예물교환 순서가 빠져있기도 하는데 예전에는 손목시계와 반지가 선호 물품 1위였다. 시계는 정확한 시간을 가리키는 기기이기에 근대의 첨병이다. 우리나라에서 근대적 시간 개념이 보편화된 것은 부산을 시발지로 하는 1905년 경부철도의 개통부터이다. 이때 시간은 일본 표준시를 적용하였으며 30분 차이가 나던 한국 표준시는 1912년에 폐지되었다. 철도 역사마다 걸려있던 커다란

원형 시계는 언제 어디로 사라졌을까?

시계방은 단독 점포로 있는 경우도 있지만 금은방 한켠을 차지하고 있는 경우도 많았는데, 그 시절 시계는 전당포는 물론 술집에서도 가장 손쉽게 맡겨지는 물품 중 하나였다. 그렇게 동네 큰길가마다 하나씩 있던 시계방이 사라진 지 오래라 지금은 시계 줄 하나를 바꾸기 위해서도 도심지까지 나가야 한다.

중구 국제시장에는 시계 골목이 있다. 이 골목에 자리한 〈영보시계〉의 김진간 대표도 60년 가까이 한 우물을 파고 있다. 김 대표의 증언은 시계 수리 기술이 어떻게 전수되는지를 정확하게 보여준다는 점에서 기술사(技術史)적으로 매우 소중하다. 그는 16세 때 강원도 춘천시의 외가에 세 들어 있던 시계기술자에게서 처음 기술을 배웠다. 아마도 춘천 '복금당'의 그 기술자는 일제강점기 일본인 기술자에게서 배웠을 터인데, 당시 일본에는 시계를 포함한 다양한 기계와 기구의 수리 기술을 가리키는 수리기술학교가 있었다. 이 학교를 나온 정식 시계기술자가 부산의 최봉수 씨다. 부산에 내려온 김진간 대표는 최씨를 스승으로 5년간이나 시계에 대한 모든 것을 배웠다.

장인의 반열에 오른 그의 이야기 속에는 시계와 관련된 우리 삶의 지혜가 곳곳에 스며있는데 무엇보다 하루에 시계 하나만 수리한다는 말에서는 숙연해진다. 일반시계에는 80개에서 300개의 부품이, 수동시계의 경우에는 800개의 부품이 맞물려 돌아간다고 한다. 우리가 사는 세상과 인생도 이렇게 수많은 관계에 의해 움직일 터인데 2016~17년 촛불집회는 이러한 구조와 질서를 무너뜨린 세력에 대한 저항이라는 생각을 해본다.

-카메라 수리점

언제부터인지 여행을 떠날 때 카메라를 챙기지 않게 되었다. 스마트폰이 카메라를 대신하는 시대가 온 것이니 세대를 나누는 기준에 카메라가 들 수도 있겠다. 카메라로 사진을 찍어 본 세대와 그렇지 못한 세대.

실물을 눈과 의식으로 옮겨오는 일은 인류사적인 의미를 갖는다. 울산 반구대 암각화부터 조선왕조 의궤의 그림은 물론 소설의 묘사도 그 일환이다. 이러한 작업을 상당 부분 도맡아 한 20세기의 총아가 카메라인데, 최민식 선생의 작품들이 국가기록원에 보관되어 있다는 사실이 이를 말해준다.

모든 기기는 생산과 동시에 수리의 운명도 타고난다. 생산과 수리가 한 몸이라는 소리인데 정밀기기인 카메라도 예외가 아니다. 〈신카메라〉의 신동균 사장은 광복동에서 중고카메라판매점을 운영하던 아버지 밑에서 자라 지금 그 일대에서 카메라 수리점을 하고 있으니 '노포'에 잘 어울리는 인물이다. 아버지를 도와 수리점을 오가는 심부름

끝에 기술까지 배워 장인의 반열에 올랐다. 그가 기술을 배웠던 '미영사'와 '일광카메라' 등은 부산의 대표적 카메라판매점이다. 1969년 전자카메라가 나오면서 당시의 50대 선배들을 대신해 20대의 그가 부산에서 다른 영상기기까지 만지는 유일한 기술자가 되었다는 회고는 업종에 따른 세대교체의 자료가 된다.

학교 입학식장과 졸업식장을 찾아오고 해운대해수욕장이나 용두산 공원을 지키던 사진사들은 다 어디로 갔을까? 코닥 필름의 퇴장이 카메라 산업의 끝은 아니지 않을까.

-모자 제조업

언제부터인가 부산은 영화의 도시가 되었다. 부산을 배경으로 한 대표작 중의 하나가 〈친구〉다. 이야기가 주인공들의 1970년대 고등학교 시절부터 시작되니 그때 입었던 교복과 교모기 필요하다. 유오성과 장동건이 쓴 모자를 만든 분이 대신동에서 〈효성제모〉를 경영하시는 김양종 옹이다. 경력 60년이니 이 분야에서는 전국 최고라 할 것이다. 아이는 부모의 재능을 이어받으면서 환경의 영향을 받으며 자란다. 삼베를 잘 짜고 미싱 다루는 솜씨가 뛰어난 어머니 밑에 자란 데다 매형이 모자 만드는 일을 했으니 김 옹에게 이 일은 천직이다.

그가 기억하는 지난 삶은 굴곡진 우리 현대사이면서 동시에 파노라

마 같은 개인사이다. 거제도 포로수용소의 미군 하우스보이, 태풍 사라호 기억, 광복동 야시장 장면, 도박사기에 말려들 때의 우리 인간의 심리상태, 폭압 통치를 호도하기 위한 전두환 정권 때의 교복 자율화로 인한 파산 등은 진술하다.

-선원용품시장

1957년에 시작된 한국의 원양어업 역사는 곧 부산의 역사이기도 하다. 원양어업이 확장되면서 전국에서 선원 지원자들이 몰려들고 조선업부터 선원용품 판매업까지 그에 따른 산업도 발전하였다.

선용품 가게들이 모여 있던 충무동 해안시장을 여기에 종사하는 사람들은 '시꼬미', '시꼬미 시장'이라 불렀는데, 시꼬미는 우리말로 준비, 또는 준비작업이라는 뜻이다. 오랜 기간 바다에 나가 있는 원양어선의 경우 출항준비는 예전이나 지금이나 만만치 않다. 인간과 고래와의 사투를 통해 선악의 문제를 다룬 위대한 소설 『백경』은 주인공 이슈멜이 포경선 피쿼드호에 오르고 출항하기까지를 초반부에서 세세히 다룬다. 승선계약과 배 수리 외에 여러 물품 구입이 그 과정 속에 있지만 출항 직전 선장의 마지막 확인은 "이젠 육지에서 가져올 물건은 없지?"이다. 회사가 구입하는 물품 외에 선원들이 쓸 사물은 자신들이 준비해야 하는데 그런 물건들을 한곳에 모아놓고 파는 곳이 선용품상점이다.

도시철도 1호선 남포동역과 자갈치역에서 영도를 바라보는 해안가에는 세 개의 시장이 어깨를 나란히 하고 있다. 자갈치시장과 해안시장, 새벽시장인데 이중 선원용품 가게들은 야채, 건어물, 선술집들이 어지럽게 들어선 충무동 해안시장에 모여 있다. 〈경남상회〉를 열고 있는 김야희 씨는 전남 여수출생으로 결혼 후 부산사람이 되었다. 부산행은 이곳 자갈치에서 옷가게를 하던 시숙을 돕기 위해서이고 선원 상대 가게를 연 것은 1982년이다. 남편의 고향 지인들 가운데 배 타는 사람들이 많았기 때문이라는데, 이는 부산 이주자 중 어업 종사자들의 다수가 여수와 포항, 제주도 출신들이었음을 다시 한번 확인시켜주는 발언이다.

연근해 어업이 활발했던 때는 약 30여 개의 동일업체들이 있었으며, 주문량이 많으면 아예 통선을 빌려 외항에 정박한 어선에 날라 실었다는 증언도 생생하다. 하지만 동네 구멍가게들을 대형마트가 잡아 먹었듯이 이 계통도 마찬가지 형편이어서 지금은 대여섯 가게만 남아 옷과 침구류를 같이 팔면서 명맥을 유지하고 있다. 30년 단골이 찾는 김야희 씨 가게 역시 무허가 천막노점에서 영업을 한다.

한때 충무동 해안시장 일대에는 여인숙과 '니나노집'이라 불리는 술집들이 많았다. 선원들이 배에 내려 쉬거나 가족들을 만나고, 거친 바다에서 쌓인 피로를 접대부들의 젓가락 장단에 얹은 노래와 술로 풀었다. 부산 남항은 북태평양 오징어잡이에서 남태평양 참치잡이까지, 열악한 작업환경을 이기고 이룬 우리 원양어업의 역사가 살아 숨 쉬는 현장이다.

-도장포

　도장포 〈해인당〉이 자리하고 있는 광복동 롯데백화점 건너편 부산데파트는 한때 부산의 아이콘이었다. 1969년과 71년에 걸쳐 새워진 부산 최초의 주상복합건물로 일본 관광객이 드나드는 국제여객선 터미널에서 가깝고 원도심에 저리해 있어 목이 좋은 맨션이었다. 부산에 정착한 김성종 소설가가 작업실을 겸한 출판사 〈대작〉을 1980년 초반 여기에 열어 작가들의 카페 역할을 했다. 문인 중에서 이름난 골동품 수집가인 이근배 시인이 몇 해 전 신춘문예 심사차 부산에 왔을 때 이곳의 단골 고가구점을 찾았다 했으니 부산데파트의 점포들에는 노포들이 많다.

　어떤 한 개인이 제도의 틀에서 공적으로 자기 자신임을 증명하는 도구 중의 하나가 인장이다. 대한민국이라는 네 글자가 새겨진 정부의 공식 도장은 국새라고 불린다. 1948년 정부수립 이후 지금 사용하고 있는 국새는 다섯 번째 만들어진 것인데 2011년 무렵 네 번째 제작된 국새가 제조방식과 제조자에게 문제가 발견되어 국새 사기 사건이 되었다. 도장은 법적으로 무엇을 증명하는 것인데 국새가 정해진 제조방법을 지키지 않았다니 허탈했던 기억이 난다.

요즘은 서명(sign)으로 도장을 대신하기는 하지만 우리들의 집 서랍에는 손가락만한 목도장부터 여러 재질과 형태의 인장들이 서로 살을 맞대며 모여 있다. 저마다 인장에 대한 기억이나 추억도 새겨있을 텐데 단체로 중학교 때 졸업선물로 받은 목도장부터 첫 번째 마련한 집의 이전 등기서류에 찍은 인감도장까지, 어쩌면 인장은 우리 인생의 반려일지도 모르겠다.

도장포 〈해인당〉을 운영하는 정천식 대표는 중학교 1학년 13살 나이에 담임 선생님의 도장을 유심히 살펴보고는 친구들에게 도장을 새겨주기 시작했다니 어떤 기술에 빠지는 것의 기본은 역시 천부적인 재질이다. 그리고 한평생 그 길을 걸어갔기에 운명이 되었다.

## 3. 부산사람, 부산의 공간-노포를 위하여

노포는 안정된 사회의 살아있는 증거물이며 기억의 저장소이다.

어떤 한 장소에서 오래된 점포와 가게 주인을 만나는 일은 단순한 상거래 이상의 가치와 지향점과 관계된다. 거래에 대한 신뢰부터 장소와 인간에 대한 애정과 이웃과 시민으로서의 편안한 관계망은 물론 자긍심을 주기도 한다.

노포는 또한 도시의 발전과 변화를 증언하기도 하는데 부산이 이주와 개방성으로 열린 도시라는 사실을 이 책의 여러분들이 증명해주고 있다. 〈효성제모〉의 김양종 옹과 〈정원이용원〉의 서정현 대표, 〈영보시계〉의 김진간 사장, 〈삼천리자전거〉 이기호 사장, 〈경남상회〉 김야희 사장분들은 빠르게는 6·25전쟁 후부터 1980년 초반에 걸쳐 부산사람이 되었다.

노포가 자리한 지역 공간의 변화를 가장 잘 말해주는 이는 5대째 토박이인 〈왕표연탄집〉 조흥복 선생인데 소개된 분들 중 84세로 연치가 가장 높기도 하기에 수영동과 광안동 일대의 변천사를 정확히 기억시켜 준다. 〈한미세탁소〉의 심갑섭 사장은 부산시 팽창의 첫 단추인 철거민들의 이주로 형성된 1971년 반송동에서 첫 점포를 연 데다, 서면 일대 유흥업소 종사자들 고객들에서 원룸 밀집지역에서의 고객들을 지켜보면서 세월의 변화를 증언한다.

구도심인 중구가 지난 시절부터 지금까지 시계, 카메라 등 소위 고급 양행제품들의 상권이 지켜지고 있음은 〈신카메라〉와 〈영보시계〉의 두 분이 이곳에서 기술을 배우고 터전을 잡았다는 사실을 통해 말해준다. 또한, 동광동에서 이용원을 하는 서정현 대표는 범일동에서부터 국제시장, 우암동, 서면, 대신동 등 부산의 여러 동네를 거쳐 지금 자리에 왔다.

한편, 기술을 중심으로 한 이번 책에서 해당 직종에 종사하게 된

계기는 두고라도 기술 전수의 문제점은 짚어볼 수 있다. 시계와 카메라와 같은 정밀 기기 분야와 달리 이발, 자전거, 세탁소, 인장업 등은 체계적 전수가 이루어지지 않았다는 걸 알 수 있다. 특히 이발의 경우는 어려운 시절에 기술 전수가 곧 밥그릇을 빼앗기는 일로 인식되기도 했다는 사실을 보여주기도 한다. 산업구조의 변화는 필연적으로 기술을 요하는 노포의 연속성을 보장하지 못하는 절대적 요인이기는 하지만, 제대로 된 기술전수의 제도적 확립은 필요하지 않을까 싶다.

소개된 노포들 중 아쉽게도 가업을 이어 다음 세대로 이어갈 점포는 없어 보인다. 소개된 분들 역시 당대에 점포를 열어 오늘에 이르렀다는 점에서 무엇보다 가업승계 문화 부재와 산업구조 변화를 같이 생각해 봐야 할 것이다. 또한, 1970년대 이후 급격한 아파트 위주의 주거 환경과 도시 발전이 노포의 존속을 막는 원인이기도 하다. 제빵업으로 대표되는 대기업의 골목상권 침범과 프랜차이즈 태풍 앞에서 개인이나 가족이 운영하는 노포는 더욱 몸이 작아지고 있다. 그러나 우리 인간은 관계하는 존재이며 기억하는 존재이기에 대를 이어 그 자리를 지키고 있는 노포는 소중하다.

갑·섭·씨가 젤 잘나가
-한미세탁소

김다희 | 시인 · 예술그룹 희 대표

중국 고대 춘추전국시대의 일이다. 남루한 옷을 입은 한 젊은이가 조나라의 사상가인 공손룡을 찾아가 제자 되기를 청했다. 그러자 공손룡이 젊은이에게 물었다.

"자네는 어떤 능력을 가지고 있는가?"

젊은이는 찌렁찌렁 울리는 목소리로 대답했다.

"저는 어느 누구보다 목청이 좋아 큰 소리로 외칠 수 있습니다."

주위에 있던 제자들이 배를 잡고 웃기 시작했다. 하지만 공손룡은 제자들에게 말했다.

"너희들 중 이 사람보다 더 큰 소리를 지를 수 있는 사람이 있는가?"

공손룡은 젊은이를 제자로 받아들였다. 얼마 뒤 공손룡이 사절단을 이끌고 이웃 연나라로 가야 할 일이 생겼다. 공손룡 일행이 큰 강 앞에 다다르자 강을 건널 배가 강 건너편에 있었다. 공손룡 일행들이 강 건너 나루를 향해 큰 소리를 질렀지만 건너편까지 소리가 닿지 않았다. 이를 지켜보던 젊은이가 앞으로 나서 강 건너편을 향해 큰소리로 외쳤다.

"여보시오! 사공!"

목소리가 어찌나 큰지 강 건너편 사공이 손을 흔들어 보였다. 공손룡은 목소리가 큰 젊은이를 제자로 둔 덕에 무사히 강을 건널 수 있었고 중요한 일도 처리할 수 있었다는 일화가 있다.

능력이란 자신이 모르는 자신 속에 있는 것이기에 스스로 발견하지 못할 뿐 사람은 누구나 한 가지의 능력을 가지고 있다. 하지만 사람들은 남에게 있는 특별한 능력이 나에게만 없다며 불만을 토로한다.

벤자민 프랭클린이 말했다. 능력을 발견했을 때는 최대한 감추지 말고 발휘하라고, 그늘 속의 해시계가 무슨 소용이 있냐고 말이다. '능력'의 사전적 의미는 '어떤 일을 해낼 수 있는 힘'을 말한다. 그림을 잘 그리는 것도 능력이고 노래를 잘 부르는 것도 능력이다. 그렇듯 한 분야에서 독보적 두각을 나타내는 것을 능력이라 한다.

'한미세탁소'. 상호에서 알 수 있듯 세탁이 전문이다. 더러워진 부분을 세탁하고 다림질하는 일은 누구나 할 수 있는 일처럼 보이지만 실상 해보면 아무나 할 수는 있는 일이 아니다. 정체불명의 얼룩을 빼는 일이나 바지 주름 잡는 일이나 각종 섬유가 지닌 특성에 따라 세탁하는 방법도 다르기 때문이다. 울(Wool)세탁을 잘못해 확 줄어들어 낭패를 보는 경우처럼 말이다.

한미세탁소는 부산진구 부전동 부산진경찰서 가까이에 있다. 자신은 가진 능력이 없다고 말하는 한미세탁소 심갑섭 씨. 부친께서 환갑에 낳으셨다고 이름에 '갑'자를 붙였단다. 성함이 하도 특이해 한 번들으면 절대 안 잊어먹을 것 같다. 연애시절에 상대 여성이 "갑·섭·씨"하고 또박또박 불러야 했겠다고 하니 두 눈이 금세 초승달이 된다.

갑섭 씨는 올해 세탁업 40년째로, 세탁에 관해서는 손바람 공성이

났다. 중간에 해외 근로자로 한두 해 나간 것 말고는 한 가지 일만 해왔다. 다시 말하자면 눈 감고도 번데기 앞에서 주름 잡을 수 있는 경지에 올랐다는 말이다. 그뿐 아니다. 세탁 일이 편하도록 자체 제작된 다림질 작업대와 천장 높이 치솟은 옷걸이는 갑섭 씨의 아이디어로 만들어졌다. 어느 세탁소에나 볼 수 있는 것이 아니고 자신이 쓰기 편하도록 설계해 만든 단 하나뿐인 시설물이다.

"서면은 특성상 주택 밀집지역하고 달라요. 일반 주택이나 아파트에 사는 분들은 한 자리에서 몇 년씩 살지만 서면은 원룸이 많아 자주 바뀝니다. 어떨 때는 한 달마다 사람이 바뀌는 적도 있어요. 그러니 조금 친해질 만하면 이사 가버려 요즘은 단골이란 개념이 없어요."

갑섭씨가 세탁소를 처음 시작한 것은 1971년도다. 조카가 가정집이 딸린 세탁소 자리가 있는데 해보지 않겠냐고 권유했고, 양장이나 양

점포 외관

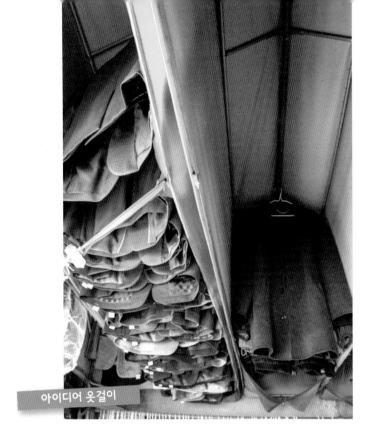

아이디어 옷걸이

복 일에 경험이 있던 터라 망설임 없이 다니던 직장을 그만두고 이사를 했다.

"반송 사거리에 당시 돈 136만 원을 주고 가게가 딸린 주택을 샀어요. 그때 반송은 정말 낙후된 지역이었어요. 조방 앞에 살던 철거민들이 반송으로 이주해 10평 남짓한 곳에 살았어요. 대부분이 이주민이라 살기도 힘든데 세탁물이 어디 많았겠어요? 조카가 같이하자는 권유가 없었으면 엄두도 못 냈을 거예요. 그래도 드문드문 수선도 들어오고 직장에 출근하는 사람들 양복 세탁도 들어오고 고만고만했어요."

당시 양복 한 벌 드라이 값은 40원. 지금은 6~7,000원 하니 거의 20배 가까이 오른 셈이다. 하지만 올랐다 해도 다른 업종에 비하면 많이 박하다.

"예전에는 전부 드라이를 했어요. 기계에 약품 넣어 돌리면 끝이에요. 하지만 갈수록 섬유가 다양해지면서 세탁방법도 다 달라졌어요. 거기다 물세탁이 많아졌어요. 물세탁할 세탁물도 세탁기에 돌리면 편하고 좋아요. 하지만 일일이 손으로 세탁을 해요. 기계로 세탁을 하면 세탁 시간이 길어 옷감이 미어지기도 하고 손상도 심하고 때도 덜 빠져요. 누가 본다고 손으로 정성 들여 빨고 누가 안 본다고 기계로 돌려 빨고 그러면 금방 손님 떨어져요. 모르는 것 같아도 요즘 손님들은 아주 똑똑해요. 다 알아요. 그리고 안 본다고 눈속임하고 그랬으면 벌써 세탁소 문 닫았을 거예요. 누가 보나 안보나 제 할 일만 묵묵히 해온 거지요. 그러다 보니 우리 마누라는 인대가 늘어나 팔을 못 써요."

한때 부부가 같이 세탁 일을 했다. 주변에 세탁소가 많은 데도 한미세탁소를 찾아주는 손님들이 고마워 세탁기를 사용하지 않고 일일이 손으로 세탁을 하다 보니 인대가 늘어나 지금은 혼자서 하고 있다.

"반송에서 하다 사직동으로 옮겼고, 해외 근로자로 나갈 일이 있어 잠시 세탁업을 쉬었다가 귀국해 다시 하게 되면서 서면에다 터를 잡았어요. 그 당시에는 인근 하얄리아부대 앞에 300번지와 부산진경찰서 뒤편으로 삼각지라 불리는 유흥업소 밀집지역이 있었어요. 거기다 여관도 많아 꽤 괜찮았어요. 그때 여성들 옷감으로 사용되었던 마직이 한창 나왔을 때였어요."

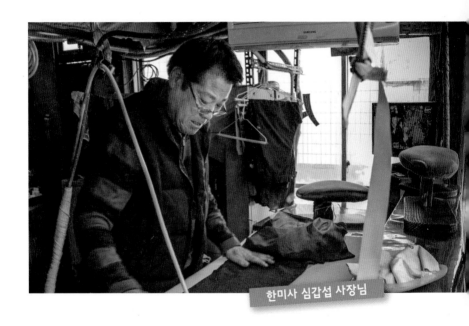

한미사 심갑섭 사장님

세탁의 역사

『생활문화 100년사』에 세탁의 역사에 대해 다음과 같이 이야기하고 있다. 세탁의 역사는 옷을 입기 시작한 선사시대 때부터 시작하였고 의복이 '귀중품화' 되면서 본격적으로 세탁이 행해지게 되었다.

고대 이집트에서는 BC 2800년경의 왕조(王朝)에 이미 세탁을 전담하는 관리를 두었으며, BC 1900년경의 벽화에서는 강가에서 빨래를 두들겨서 빨거나 긴 막대에 빨래를 꿰어 비틀어 짜고 있는 광경을 볼 수 있다.

호메로스에 의하면 고대 그리스에서는 의류뿐만 아니라 침구까지 세탁했는데 청류가 흐르는 강가에서 발로 밟아서 빨았으며 온종일 소비할 만큼 즐거운 레크레이션을 겸하고 있었다고 한다.

미국에서는 19세기 주부에게 '빨래하는 날'은 무척 고된 날이었다. 양잿물에 동물 기름을 섞어서 세제를 직접 만드는 일부터 물을 끓이느라 장작을 패 불을 지피고 잘 지지 않는 때를 지우는 단계까지 여간 복잡한 일이 아니었다. 다림질하기도 전에 온몸이 쑤시는 상황이 되는 경우가 허다했다.

경제적 여유가 있는 집에서는 돈을 주고 빨래하는 사람을 고용했는데 이들은 대부분 흑인 여성이었다. 그렇게 빨래하는 일이 큰 일감이 되자 경쟁이 치열해졌다. 19세기 중반부터 미국에 대거 이민을 가기 시작한 중국인들이 곳곳에서 대규모 세탁소를 여는 진풍경이 벌어졌다.

대 로마에서는 전문업자가 빨래를 맡아서 했으며 귀족들은 세탁 노예를 고용하여 옥내에서 발로 밟아 빨 수 있도록 설비를 갖추어 놓고 있었다. 중국의 사기(事記), 소학(小學) 등에서 보면 빨래는 '남에게 불쾌감을 주지 않기 위한 윤리적 관념과 위생 및 경제적 관념'에서 시작한 것으로 되어 있다.

우리나라의 세탁업은 조선 시대를 지나 1920년경 근대화 과정과 일제강점기를 거치면서 서양의 문물이 들어오게 되면서다. 유학생들이 서구적 문화를 경험하면서 드라이클리닝이 소개되었고 그로 인해 세탁업이 태동하게 되었다.

초기에는 강가나 호수, 냇가에서 손으로 흔들어 빨거나 주물러 빤 것으로부터 시작하여 나중에는 나무 조각 등을 이용하여 두들겨 빨았는데 이것은 인도나 중국에서도 오늘날 사용하는 방법이다.

그 후 여럿이 냇가에 모여앉아 즐겁게 담소하며 방망이로 두들겨 빨았고, 우물을 파서 물을 이용하면서부터는 우물가에서 빨기도 했다. 특히 무명천이나 무명옷은 냇가에서 빨아 짜지 않고 그대로 바위나 모래밭에 펴 널어 표백도 하였다. 이것을 마전이라 한다.

세제로는 짚이나 뽕나무, 기타 초목을 태운 재를 걸러서 얻은 잿물을 썼으며 명주와 같은 귀중한 직물을 빨 때는 콩, 팥, 녹두 등을 갈아 빨래에 비벼서 썼는데 이것을 '비루'라 하였다. '비루'는 '더러움을 날아가게 한다'는 뜻이며 오늘날 널리 쓰는 '비누'라는 말은 여기에서 유래되었다 한다.

우리나라의 세탁업은 1980년대 들어 단일 업종으로 자리 잡으며 호황을 누리게 된다. 하지만 1990년대 접어들면서 세탁 장비의 자동화 시스템으로 인한 저가공세와 지구 온난화에 따른 환경오염 문제로 인해 환경규제로 이어졌다. 설상가상으로 세탁소의 다양화 시대가 열리면서 요금이 인상되고 세탁도 전문가가 해야 한다며 한때 '세탁사' 시험이 생겨나기도 했다.

드라이클리닝의 유래도 재미가 있는 부분이다. 프랑스 베링이라는 사람이 벤젠을 식탁에 엎질러 그 자리가 깨끗하게 지는 것을 우연히 발견하면서부터 드라이클리닝이라는 새로운 세탁방법을 찾게 되었다고 한다.

## 사람 좋고 인심 좋고

"1980년대에서 1990년대까지 주변에 유흥업소가 성행했을 때는 아가씨 손님들이 많았어요. 300번지하고 삼각지라는 유곽이 있었고, 골목 안에 여관이 많았어요. 여관에서 달방 생활을 하다 보니 새벽에 일 마치고 들어와 자고 오후 느지막이 일어나 출근 준비를 했어요. 목욕하고 미장원 가서 머리하고 화장까지 곱게 하면 출근하기 시작하는데 택시 잡는다고 이쪽 끝에서 저쪽 끝까지 줄지어 있었어요. 일하다 유리문 넘어 이쁜 아가씨들 보는 재미도 쏠쏠했지요. 지금은 유곽이 없어지면서 뿔뿔이 흩어졌지만 아가씨들 참 순수하고 착했어요. 저마다의 사정으로 유곽에 있었지만 열심히 벌어 매달 집에 돈을 보내는 아가씨도 많았고 틈틈이 학교에 다니는 아가씨들도 있었어요."

자신만이 가진 세탁 비법이 있냐고 묻자 그저 남들 하는 대로 할 뿐 특별한 비법이 없다며 손사래를 치지만 아무래도 있는 눈치다. 무려 40년을 해오며 큰 굴곡이 없었는데 자신만이 터득한 비법이 없을 리 만무하다. 평생을 낮추고 또 낮추며 살아온 세월이 몸에 배 자신은 온데간데없고 그저 사람 좋은 세탁소 주인만 남았다.

예전에는 세탁 기술을 전문으로 배우는 학원이 있었다. 수요가 있으니 공급이 따라가듯 배우려는 사람이 많다 보니 학원도 성행했지만 요즘은 3D업종으로 전락해 그나마 몇 군데 있던 학원마저 사라졌다.

점포 내부

이제 때 빼는 기술이라든가 다림질 등 터득해야 하는 기술은 알음알음으로 배우거나 어깨너머로 배우는 게 고작이다.

"예전에는 무작빼기로 얼룩을 뺐어요. 요즘은 하루가 멀다고 섬유가 개발되어 나오니 섬유의 특성에 따라 약품이 다 다르고 과학적으로 처리하지만, 제가 시작할 때만 해도 옷의 얼룩 빼는 일을 가능하면 안 하려 했어요. 얼룩 빼는 방법이 요즘처럼 과학적이지 못하다 보니 얼룩 빼려다 자칫 옷에 구멍이 나거나 탈색되는 사고가 허다했어요. 그러니 그거 빼려다 사고 내 변상하느니 가능하면 얼룩을 안 빼려고 했지요. 큰 기술 없으면 얼룩 빼려고 신경을 안 쓴 거지요. 요즘은 옷이 고가인 데다 명품 옷도 많아 마음대로 손대기도 힘들어요. 외국에서 들여오는 옷은 옷감의 특성이 애매할 때도 있고요. 요즘 사람들 명품 좋아하는데 섬유는 우리나라 것이 최고예요. 비싸면 좋은 줄 아는데 그렇지 않아요."

갑섭 씨는 예나 지금이나 아침 8시면 어김없이 출근해서 저녁 8시에 문을 닫는다. 그나마 저녁 8시에 닫는 것은 불과 몇 년 전부터다. 그전까지는 밤 10시까지 일을 했다. 쉬는 날은 공휴일, 명절 관계없이 일요일만 쉰다. 과거에는 명절이 다가오면 이삼일 전부터 정말 바빴다. 한복도 다리고 양복도 드라이하고. 지금은 명절 전후 보름은 일거리가 하나도 없을 정도라고 한다.

"가끔 손님 중에는 옷을 찾아가고도 안 찾아갔다고 우기는 분들이 있어요. 그럴 때는 증거가 없으니 도리 없이 변상해야 해요. 그래서 요즘 CCTV를 설치해둔 세탁소도 많아요. 어깃장을 놓으면 골치 아프니 특단의 조치를 한 거지요. 하지만 대부분의 사람은 그러지 않아요. 아주 가끔 그런 일이 생기는 거지요. 배상하는 부분도 다 달라요. 양복이 다르고 셔츠가 다르고 점퍼가 다르고… 그러다 명품이 걸리면 한 달 수입 날리는 거지요. 나도 그런 적 있는데 말다툼 길어지는 게 싫어 20만 원 물어주고 끝냈어요. 지금 생각해도 환장할 노릇이지요."

세탁물을 맡겨두고 찾아가지 않는 경우도 부지기수다. 세탁물 보관에 있어 예전에는 삼 개월, 요즘은 한 달이라는 법적 책임을 정해두긴 했지만 혹시 몰라 일 년 정도는 보관한다. 일 년이 지나도 찾아가지 않으면 폐기처분을 하는데 1980년대에만 해도 옷을 훔쳐가는 사람도 많았지만 지금은 밖에 내놔도 안 가져간다며 그것만 봐도 우리나라가 살기 좋은 나라가 되었다고 말한다.

"세탁소는 다른 직업에 비해 처음 시작 자본이 적게 들어요. 세탁 기계 두어 대만 있으면 쉽게 할 수 있는 데다 부부가 함께 일하면 얼마든지 돈을 벌 수 있어요. 큰 기술이 필요한 것도 아니고요. 하지만 요즘 사람들은 이런 궂은일을 하지 않으려 해요. 세탁업이 중노동이라 그래요. 다리미질에 세탁에 수선까지 하다 보면 온몸 안 아픈 데가 없어요. 그래도 더러운 것을 깨끗하게 세탁한 후에 얻어지는 만족감은 뭐라 말할 수가 없어요."

"어디 세상일이 힘 안 들이고 얻어지는 것이 있나요? 큰 재주 없는 사람에게 먹고 살길을 열어주니 참말로 고마운 거죠. 천직으로 여기며 해 온 일이라 지금은 자부심도 있고 이 일이 참 소중합니다. 요즘 사람들 편하고 깨끗한 일만 하려 하는데 세상 어느 일이든 백 프로 편한 일은 없어요. 어디든 불만이 있게 마련이지요. 무슨 일을 하든 열심히만 하면 노력한 만큼 돌려주는 게 세상 이치지요. 한 우물을 파라는 말이 괜한 말이 아니에요."

발터 벤야민은 '살아가는 건 흔적을 남기는 것'이라고 했다. 살아가며 어떤 일을 했던 상관이 없다. 얼마나 열심히 나의 흔적을 남겼는지가 중요하다.

한미세탁소 심갑섭 씨는 자신의 흔적을 세상 어디쯤에 남기느라 평생을 앞만 보고 열심히 살아왔다. 그 대가로 인심 좋고 사람 좋고 세탁 말갛게 잘하는 사람이라고 그를 아는 사람들에게 칭송을 듣는다. 마침 세탁물을 찾으러 온 할머니는 이런 사람 처음 봤다며 칭찬이 늘어지신다.

손님에게 세탁한 옷을 싣는 모습

"내가 이짝 생기고부터 단골인데 돈 없으모 깎아도 주고 모지래면 외상도 끄어주고 요새 이런 어른 엄써요. 믿음으로 사는 사람입니더. 법 없이도 사는 사람이 이사람이라요."

"내가 해준 기 뭐 있다꼬 자꾸 좋은 말만 합니꺼? 할매땜에 몬살겠네. 와 그랍니꺼? 사람 부끄럽구로."

45

할머니의 말이 사실임을 입증하듯 세탁물 한 꾸러미를 문밖까지 들고나와 할머니의 수레에 실은 뒤 꽁꽁 여며 준다. 작은 부분 하나도 놓치지 않으며 살아온 갑섭 씨의 그림이다. 볕이 앉은 갑섭 씨의 등이 눈부시다.

어떤 직업이든 직업을 가진 사람에게 있어 제일 중요한 것은 신용이다. 이익이 적다 해도 당장 가게 문을 닫지 않지만 신용이 무너진다면 그때부터 끝이라는 말이다. 장사는 물건을 파는 것이 아니라 사람을 얻는 것이라는 이치를 놓치지 말아야 한다는 말이다.

"손자들이 아직 어린데 가끔 세탁소에 놀러 오면 옷이 많은 걸 보고 옷을 파느냐고 묻기도 해요. 그러면 손님들이 때 묻은 옷을 가져오면 깨끗하게 세탁해주고 돈 받는다고 대답을 해주죠. 제 일에 대해 부끄럽다고 생각해본 적이 단 한 번도 없어요. 행여 손자들 눈에 할아버지가 깨끗해 보이지 않을 수도 있겠지만 어떤 일이든 열심히만 하면 된다는 것을 행동으로 가르쳐주고 싶은 거지요."

갑섭 씨의 미소

오사카 상인은 이익을 내야 하는 상업 정신이 곧 개인의 품격을 닦

아나가는 자기 수양과 다르지 않다고 말한다. 즉 먼저 사람이 되어야 하는 일에서도 성공할 수 있다는 것이다. 이들 오사카 상인은 '돈을 남기는 것은 하(下), 가게를 남기는 것은 중(中), 사람을 남기는 것은 상(上)'이라 하여 상인 정신을 키워나갔다고 한다.

하늘 아래 해가 없는 날이라 해도 나의 점포는 문이 열려 있어야 한다.

하늘에 별이 없는 날이라 해도 나의 장부에는 매상이 있어야 한다.

메뚜기 이마에 앉아서라도 전은 펴야 한다.

강물이라도 잡히고 달빛이라도 베어 팔아야 한다.

일이 없으면 별이라도 세고 구구단이라도 외워야 한다.

손톱 끝에 자라나는 황금의 톱날을 무료히 썰어내고 앉았다면 옷을 벗어야 한다.

옷을 벗고 힘이라도 팔아야 한다.

힘을 팔지 못하면 혼이라도 팔아야 한다.

상인은 오직 팔아야 하는 사람, 팔아서 세상을 유익하게 해야 하는 사람, 그렇지 못하면 가게 문에다 '묘지'라고 써 붙여야 한다.

- 오사카 상인의 정신 중에서

중국 진나라 '고사전'에는 '세이공청(洗耳恭聽)'이라는 고사성어가 있다. '귀를 씻고 공손하게 듣는다'는 뜻이다. 다른 사람이 하는 말을 매우 공경하는 마음으로 듣는다는 것을 말한다.

미국의 자동차 판매왕 조 지라드는 기네스북에 이름을 올렸다. 이런 영광을 얻게 된 것은 자신이 발견한 '1대 250 법칙'을 지킨 덕분이라 한다. '1대 250 법칙'이란 한 사람이 평균 250명의 타인과 연결돼 있다는 뜻인데 그가 이 법칙을 찾은 곳은 장례식장이라 한다. 한 사람의 장례식장에 평균 250명의 조문객이 다녀가는 것을 본 후 더 많은 신규 고객을 찾아 나서는 대신 지금 만나고 있는 한 사람의 고객에게 최선을 다하는 전략을 구사했다고 한다.

이처럼 옷 100벌을 세탁하는 것이 중요한 것이 아니라 한 사람에게 최고의 질 좋은 서비스를 하는 것이 훗날 더 큰 성과를 가져올 수 있다는 사실을 익히 터득한 갑섭 씨. 마음을 얻어낸 한 사람이 가져다 줄 250명의 새로운 고객을 기대하며 당장은 힘들지만 최선을 다해 일하고 있다.


한미세탁소는 오늘도 아침 8시에 문이 열리고 손님 맞을 준비를 한다. 그리고는 세탁소 중앙에 버티고 있는 일인용 소파에 오늘 다림질해야 할 옷들을 챙겨 쌓는다. 올해 40살이 된 소파 여기저기에 세월의 더께처럼 수선 자국이 선명하다.

갑섭 씨도 저 소파와 같을 것이다. 사람으로 인해 상처 생길 때마다 덧대고 깁고 했을 것이다. 상처를 스스로 치유하고 내색하지 않는 법을 혼자 터득하며 저 넉넉한 미소를 만들었을 것이다.

세월의 흔적이 깃든 소파

수영사람들 덕분에 여기까지
왔는데 얼마나 고마워
많이는 안 사가도 누군가는
이 일을 꼭 해야 해
-왕표연탄집

동길산 | 시인

photo by 김바롬, 쁘리야김

연탄창고

벽이 새카맣다. 새카만 벽에 기대 새카만 연탄이 10단 정도 쌓여 있다. 군대 용어로 열과 오를 딱 맞춘 게 한두 해 쌓아 본 솜씨가 아니다. 새카만 벽 군데군데 시멘트가 드러나고 시멘트 떨어진 자리엔 황토가 보인다. 그러니까 연탄 창고는 애초 황토벽. 역사가 만만찮음이 짐작된다.

바깥에서 풍기는 세월의 더께도 만만찮다. 무엇보다 지붕. 고택에서나 봄 직한 고색창연한 기와가 지붕을 덮었다. 용마루며 갖출 건 다 갖췄다. 한쪽 귀퉁이가 으스러져 덧대긴 했지만 품격이랄지 골격은 전체적으로 당당하다. 그리고 A4 용지 서너 장 크기 양철 간판. 몇십 년 전 연탄집 간판이 유년의 추억을 슬슬 건드린다.

## 50년 연탄집, 고색창연한 기와지붕

연탄은 짜증이었다. 자다가도 일어나 탄불을 갈아야 했다. 탄불을 꺼뜨리면 누군가는 불호령을 내렸고 누군가는 불호령을 감당해야 했다. 탄불이 꺼지면 번개탄을 지펴야 했고 부엌 가득 메운 연기는 맵고 미웠다. 방까지 스며들었다. 자다가 가스라도 마신 날은 학교를 쉬어야 했고 온종일 멍하니 지내야 했다.

연탄은 그러면서 뜻 맞는 동반자였다. 창고에 연탄이 그득하면 마음이 든든했다. 먹지 않아도 배불렀다. 가득 쌓인 연탄이 나날이 줄어들어 급기야 바닥을 드러낼 때쯤이면 은근히 불안했다. 학교에서 돌아와 창고 가득 들인 연탄을 보면 공부까지 잘되는 기분이었다. 영어단어가 머리에 쏙쏙 들어왔다.

한 세대 전만 해도 연탄은 생활이었다. 연탄으로 방을 덥혔고 연탄으로 밥했으며 연탄으로 세숫물을 데웠다. 연탄이 없으면 추웠고 고팠고 차가웠다. 그러던 게 석유와 가스가 대세가 되면서 급격히 움츠러들었다. 1988년 그때만 해도 가정의 80%가 연탄을 사용하다가 1993년 33%, 2천년대 들어선 2%로 내려앉았다고 한다.

연탄 배달은 한 세대 전만 해도 일상이었다. 손수레나 트럭으로 연탄을 배달하는 장면을 예사롭지 않게 봤다. 이제 연탄 배달은 겨울철 미담 기사로 등장할 만큼 귀한 장면이 되었다. 한 동네 열 몇 군데 있었다던 연탄집은 여러 동네 통틀어서 한 집꼴이 된 지 오래다. 길 걷다가 연탄집을 보면 반가운 생각이 들 정도다.

그런 면에서 수영구 수영동 왕표연탄집은 반갑고 고맙다. 여직 거기 있어 줘서 반갑고 여직 거기 있어 줘서 고맙다. 주인은 조홍복 선생. 올해 여든넷. 서른넷부터 연탄집을 했으니 올해 딱 50년이다. 연탄집은 수영사적공원 조 씨 할배당에서 공원 바깥으로 이어지는 좁다란 골목길 모퉁이에 있다. 조홍복 선생은 5대째 토박이. 조 씨 할배당을 지극정성으로 돌본다. 중요무형문화재 제43호 수영야류 기능보유자이기도 하다.

수영사적공원 수영민속예술관에서 조홍복 선생을 만났다. 선생은 매주 오전 두 시간을 거기서 보낸다. 명함을 드리자 동가 성씨는 처음 봤다며 집안 내력에 관심을 보인다. 연탄집 얘기를 들었고 살아온 얘기를 들었다. 여든 넘은 토박이 말씨는 구수했고 살가웠다. 조홍복 선생의 얘기를 옮긴다.

## 소 키우던 초가를 연탄창고로 개조

연탄창고 언제 지은 거냐고? 나하고 나이 비슷해. 내가 한 살 때 지은 집이야. 나는 1933년생이야. 집은 1934년생이고. 나하고 갑장 턱이지. 본래는 초가였어. 소 키우던 외양간인데 나중에 기와를 이었어.

그때가 1954년쯤 돼. 육이오사변 나고 맏형이, 나는 둘째야, 낙동강 전투에서 전사하고 아버지가 그 이듬해 화병으로 돌아가셨어. 엄마가 남편 없이 지내면서 초가지붕 매년 새로 올리는 게 고생된다고 기와로 바꿨어. 아래채, 위채 다 그래. 지금 연탄창고로 쓰는 게 아래채야.

왕표연탄집 조흥복 사장님

위채는 새로 지은 지가 사십 년 다 돼 가. 우리 동네에서 제일 처음 지은 이층집이야. 당시엔 이 일대가 온통 논밭이었거든. 이 일대가 지금은 수영동이지만 그때는 망미동이었어. 수영구가 새로 생기면서 수영동이 된 거지. 연탄집은 언제부터 했냐고? 날짜도 안 잊는다. 1966년 4월 25일이야. 올해 딱 50년이야. 50년, 나도 몰랐는데 지금 보니딱 그렇네. 내 나이 서른넷일 때야.

처음부터 연탄을 했냐고? 아니지. 육이오사변 때 입대해서 4년 7개월 만에 제대했어. 그땐 만기라는 게 없었어. 어찌 될지 모르니 계속

복무했지. 휴전 이후 내가 제대 1기야. 제대하고 동구 수정동 부산공판장에서 야간경비를 봤어. 채소나 과일 취급하는 공판장이었어. 전쟁도 어느 정도 진정되자 부산이 구획정리가 됐지. 논밭이던 변두리에 재건주택이 들어서고 길도 새로나고 그랬어. 바둑판이 딱 됐다 말이야. 우리 집이 농토가 많았거든. 머슴을 두고 일 시켰지. 우리 땅도 도시계획에 들어갔어. 지금 한일은행, 부산은행 자리도 전부 논이었어. 부산은행 도로 건너편에도 땅이 많았어.

은행 건너편 땅 한 평 팔면 여기 땅 세 평 샀지. 거기 땅 팔아 처갓집에 몇천 평 들였어. 우리는 사형제인데, 형님은 전사하셨고 삼형제가 남았어. 누이가 셋 있고. 엄마 돌아가시기 전에 농토를 분배했어. 내 몫 땅을 약간 남기고 파니 돈이 많이 생겼다 아이가. 공판장 경비하고 있을 땐데 옥태라는 친구가 "홍복아! 니는 밑천도 있고 하니 연탄을 한번 해 봐라." 하는 거야. 그래서 시작했다 아이가. 처음엔 리어카로 배달하니 사람을 여럿 썼다. 직원은 나까지 넷인데 먹여 주고 입혀 주다 보니까 남는 것도 없었어. 일만 일만 하고 너무너무 고됐다.

## 처음 시작할 때 19공탄 많이 써

연탄 종류? 많지. 내 처음 시작할 땐 19공탄이었어. 그러다 27공탄, 32공탄, 37공탄, 49공탄이 생겼어. 49공탄은 엄청 컸어. 이만 했어(양

팔을 벌린다). 큰 연탄은 어디 썼느냐고? 군대 밥 몇백 명씩 가마솥 안 하나. 그것처럼 직원 많은 큰 회사에서 밥할 때 썼지. 가정에선 19 공탄 썼지. 한 장이 24시간 갔다. 요즘은 하루 12시간밖에 안 가. 무게도 5kg 하던 게 지금은 3.6kg밖에 안 되고. 연탄 질이 안 좋아진 거지.

큰 연탄은 큰 회사에서 썼어. 나일론 그물 짜는 회사 같은 데는 날이 추우면 나일론 짜는 일이 잘 안 되는갑데. 그런 덴 큰 연탄 썼지. 요즘으로 치면 기름 난로야. 큰 연탄은 손으로 들고 가고 작은 연탄은 연탄집게로 집어 가. 집게는 네 개짜리, 두 개짜리가 있어. 새끼줄로 묶어서 사 가기도 하고. 좋은 연탄 나쁜 연탄 구별이 가능하냐고? 그건 절대 모른다. 만드는 사람도 모를 거라.

그런데 그런 건 있다. 11월이나 12월 초 같은 요즘 시기가 가장 좋을 때다. 얼도(얼지도) 안 하고 덥도(덥지도) 안 하는 이때 연탄 질이 좋다. 같은 재료라 하더라도 지금 연탄이 제일 좋다. 물건도 선선한 것을 좋아하나 보지. 지금이 100%라 하면 얼거나 더우면 아무리 잘 찍어도 90%밖에 안 돼. 아무리 잘 찍어도 열두 서너 장 중에 한 장은 불량이라고 봐야지.

연탄창고의 기와지붕

점포에 대해 설명중인 주인

## 12원에 받아 14원에 팔아

연탄값? 내 처음 시작할 땐 14원이었어. 12원에 받아와 2원 이문 남기고 팔았지. 2원 보고 장사했다 아이가. 그때 2원 가치? 수영 땅 한평에 천 원에서 천이백 원 했다. 되게 좋은 데는 천오백 원 했다. 연탄천 장 실은 트럭이 매일 들어왔다. 천 장이 하루 만에 다 팔렸다. 그러면 하루에 이천 원 남겨서 부자였겠다고. 어림도 없는 소리다. 전부 외상이었다 아이가. 돈 떼먹는 놈도 있고. 말 못 한다니까. 요즘은 한장에 480원에 들어와. 값이 계속 안 오르다가 2016년 10월 1일부로 올랐어. 480원 들어와 700원에 팔아. 얼마 남기는지 밝혀도 괜찮겠냐고? 다 밝혀도 된다. 구청에서도 안다.

빨래? 우리 집사람 참 욕봤다. 검정 묻은 내 옷, 직원 옷 매일매일 빨았다. 둘이가 마음이 같으니 해냈지 싶다. 지금 가만 누워 생각해보면 그 일을 어떻게 해냈는지 싶다. 집사람은 지금 다리가 아파. 관절이 아프고 여기, 여기 아파. 불쌍하지. 젊어서 고생을 많이 해서 그래. 내 것, 직원들 것 매일 빨래하고, 그 고생 말 못해.

한창때 연탄집 인기가 좋았느냐고? 인기 좋은 것보다 고됐다. 열 몇군데 연탄집 가운데 내가 제일 된 데 맡았다 아이가. 전부 고바위(오르막)였다. 사적 공원이 생기기 전에는 공원 안에 할머니가 사셨는데 고바위길을 지나 거기까지 배달했어. 나도 직접 했다. 고생고생 말 못

한다.

가장 고생스러울 때가 언제였느냐고? 연탄집은 밑천 없으면 못한다. 삼백 집이면 삼백 집 전부 외상 줬다. 한 달 치 외상 줬다가 그다음 달 연탄 가져다줄 때 외상값 받는다. 그런데 야반도주한다든지 해서 떼이고 나면 맥이 탁 풀린다. 저번 달, 이번 달 두 달 치 떼인다 아이가. 온몸에 힘이 다 빠진다. 연탄 배달해서 힘든 것보다 돈 떼여서 힘든 게 더 많았다.

그 옛날 연탄 이야기

돈 떼인 얘기? 말도 마라. 그때 수영강변을 따라 블록공장이 쭉 늘어서 있었어. 손으로 찍는 데도 있었고 기계로 찍는 데도 있었어. 말도 못하게 많았어. 스무 군덴 넘었을 거야. 일꾼들은 다 외지에서 날품 팔러 온 사람들인데 공장에서 방 하나 부엌 하나, 방 하나 부엌 하나 그렇게 만들어 줘 살았단 말이지. 거기도 한 달 치 외상을 줬지. 내가 월급날을 다 아니까 월급 다음날 연탄을 갖고 가. 가서 "돈 주이소." 그러면 "사장이 어디 가고 없는 바람에 아직 못 받았는데 오늘 줄 겁니다. 내일 오이소. 연탄은 놔두고 가고요." 그래. 그다음 날 돈 받으러 가면 연탄은 옆집에 팔고 밤으로 도망가고 없는 거야.

## 1973년 유류파동 나면서 외상값 다 받아

그때 그만두려고 했어. 연탄 접고 딴 일 하려고 했어. 이번만 하고 안 해야겠다, 작정했지. 그때가 1970년대 초반이야. 그런데 유류파동이 일어났어. 1973년인가 그럴 거야. 기름값이 엄청 올랐지. 그러니까 연탄 찾는 사람이 얼마나 많았겠어. 연탄 품귀 현상이 일어났어. 그런데 수영 열 몇 군데 연탄집 중에서 우리 집에만 연탄이 들어온 거야. 내가 신용이 좋았던 거지. 이런 장사 하는 사람은 신용이 좋아야 해.

초량연탄하고 거래할 땐데 양심적으로 보내주는 거야. 일제 닛산 트럭으로 배달 왔는데 매일 한 트럭, 천 장씩 왔어. 그래서 수영에서 연탄을 사려면 우리 집으로 와야 했어. 고루고루 나눠 주느라 하루 다섯 장씩 배급했어. 그때 외상 연탄값 다 갚더라. "돈 여기 있슴다. 연탄 주소." 하루아침에 외상값 다 받았지. 그때부터 현금 장사였지. 외상 할 생각은 아예 안 하고 딱 현찰치기 하고 가져갔어. 그때부터 돈도 좀 모이고 형편이 풀렸지. 유류파동이 딱 일어나는 바람에 외상값 다 받고 내가 살았단 말이지. 그래도 서너 집은 떼였다.

그땐 연탄 인기 좋았어. 동네 사람들 공평하게 나눠 주니 좋은 소리도 많이 들었지. 동네 사람도 내 다 알고 나도 동네 사람 다 알았어. 집집마다 밥그릇 숟가락 숫자도 다 알았다니까. 알고말고. 당시 오백 가구쯤 됐어. 가정집 연탄도 많이 들어가고 가게도 많이 들어갔어. 미장원 같은 데서 부르면 몇백 장씩 들어갔거든. 그러면 사람 손이 많이 필요해. 미장원 신랑이 회사 쉬는 날 두어 번 배달하면 해결됐지. 그럴 땐 수고비로 돈 천 원 까 줘. 배달은 내가 직접 다 했어. 힘들었어.

## 초량연탄에서 왕표연탄으로

유류파동 이후 연탄 구역제가 생겼어. 기름값이 엄청 뛰면서 연탄 찾는 사람이 엄청 늘어나자 시장질서가 깨진 기라. 연탄회사끼리 경쟁이 붙어 야단났어. 1년 지나니 회사가 모여 회의를 했어. 이러면 우리 모두 죽는다, 이러지 말고 구역제를 정하자, 어디 어디까지는 초량연탄이 하고 어디 어디까지는 왕표연탄이 하자고 구역을 짜겠어. 그래서 왕표로 넘어갔어. 그러니까 시비도 안 붙고 회사 수익도 많아지고 그랬어. 부산에 있던 연탄회사들? 보림, 초량, 왕표, 일자표, 부일 등등이 있었지. 열 군데는 넘었을 거야.

한번은 왕표연탄에서 연락이 왔어. 1989년쯤 될 거야. 그때 왕표연탄은 동래 기차역 옆에 있었어. 지금은 경주로 옮겼지만. 전화가 와서는 리어카로 배달하면 고되니 딸딸이를 사서 배달하지 않겠냐는 거라. 농촌 경운기처럼 딸딸딸 소리가 나는 엔진에 짐칸을 단 거였어. 당장 가서 맞추었지. 6마력짜리, 8마력짜리가 있었는데 나는 8마력 했다. 힘이 셌다. 고바위 막 올라갔다. 평지는 이백 장, 고바위는 오십 장 실었다.

딸딸이는 다 실으면 딱 이백 장이야. 틀림없어. 둘은 스페어로 갖고 다녀. 연탄집게로 배달하다 부서지면 두 장이 부서져서 그래. 100장 배달하면 102장을 갖고 가는 거지. 부서진 연탄이 열서너 장 되면 연탄회사에서 열 장 값을 주고 가져가. 배달은 리어카, 딸딸이가 다 했어. 좁은 골목길은 손구루마가 했어. 실으면 딱 서른 장이야. 그건 아직 우리 집에 있어.

1989년이면 내가 연탄집 한 지 이십몇 년 지나서인데 그전까지 고생 많이 했다 아이가. 리어카 하나에 사람이 서넛 달라붙어 오십 장씩 싣고 그렇게 산 기라. 창고에 연탄을 가득 채우면 사오천 장 됐다. 지금은 방 하나 내고 줄였다. 연탄 조금씩 자주 들이는 게 낫지 한꺼번에 사천 장, 오천 장 들이니 창고 깊은 데까지 들어가 연탄 꺼내오는 게 여간 고역 아니었다. 그래서 방 하나 내어서 세 주고 창고는 줄였다. 지금은 한 삼천 장 들어간다.

요즘은 연탄이 얼마나 팔리느냐고. 팔린다고 할 것도 없어. 댓 장이나 두 장, 심지어는 한 장도 사 가. 양산 산기슭 사는 사람이 자기 차로 100장 사 가기도 해. 그래서 연탄 트럭도 매일 안 와. 창고가 비면 와. 한 번 들어오면 800장 들어와. 마이크로 트럭으로 와. 800장이 언제쯤이면 다 팔리느냐고? 몰라. 석 달이고 넉 달이고 지나봐야 알아. 창고에 오래 두면 습기 안 차느냐고? 그런 건 없어. 이제 배달은 안 해. 인제 못하지. 내가 나이가 몇 살이고? 여든한 살 때 아팠는데 아프기 전에는 날아다녔어. 그런데 지금은 그냥 서 있어도 구부러져.

## 수영동 연탄집, 열 몇 군데서 지금은 혼자뿐

연탄 때는 가정? 요즘은 그런 집 없어. 가정에선 난방하려고 연탄 안 써. 기름이나 가스, 전기를 쓰지. 국 고을 때나 장 조릴 때 낱장으로 사 가기도 해. 그런 건 열 시간 넘게 때야 하니 연탄이 최고지. 열 몇 군데 되던 수영 연탄집이 유류파동을 겪고 난 뒤 하나둘 사라져 지금은 나 혼자만 남았어. 동방오거리 거기도 하나 있어.

왜 사라졌느냐고? 연탄 확보도 안 되고 연탄창고 월세도 주고 해야 하니 감당이 안 됐던 거지. 나야 내 집에서 하니 좀 나았고. 김우근 씨라고 있어. 수영 농청놀이 보유자야. 나보다 대여섯 많아. 그분도 연탄을 했어. 그분하고 나하고 둘이서 마지막까지 하다가 예순 중반쯤 돼서 세상 버리고 지금은 나뿐이야.

유류파동 이후엔 놀기 삼아 운동 삼아 해. 내 직이다, 천직이다 하고 지내. 딱하게 사는 집에 배달하고 나서 고맙단 소리 들을 때도 보람 있었고. 연탄집은 언제까지 할 것 같으냐고? 모르겠어. 수영사람들이 내 연탄 대 줘 내가 여까지 왔는데 얼마나 고마워. 많이는 안 사가도 누군가는 이 일을 해야 해. 내가 연탄집 접으면 이 동네에서 연탄집 사라지는 거지. 그럼 멀리 동방오거리까지 가야 하고. 아니면 연탄 대신 기름이나 가스를 써야 하고.

내가 수영초등학교 25회야. 수영 토박이야. 어쩌다 보니 연탄 일을 하게 됐는데 원도 한도 없어. 이 일 하면서 내 몸 건강 지켰고 자식들 키웠고 손주들 남보다 앞서 나가. 손주가 다섯인데 셋은 의사, 하나는 학교 선생, 또 하나는 대기업 정규직 직원이야. 내가 죽을 때까지, 죽고 없으면 도리 없지만, 수영사람들 연탄 때는 데 불편하지 않도록 해야 한다, 그런 마음으로 살아.

배달이 많을 땐 친구들이 많이 도와줬는데 그 사람들 다 먼저 갔어. 옛날 얘기하며 술도 한 잔씩 따라주고 싶은데 다 갔어. 고바우길, 빙판길 배달 도와준 고마운 친구들이야. 팔십 년 세월 금방이야. 나는 술은 하루에 한 병만 마셔. 이틀 달아선 안 마셨어. 오늘 먹으면 내일은 절대 안 먹었어. 연탄 배달하면서 실수하면 안 되니.

## 연탄불은 꾸준하고 안정적이라서 좋아

기름이나 가스보다 연탄이 좋은 점? 연탄불은 꾸준해서 좋아. 안정적이고. 기름이나 가스는 열 몇 시간 때면 불안해져. 수시로 들여다봐야 하고. 그 돈은 또 얼마야. 비싸지. 비싸고말고. 연탄불은 그런 게 없어. 국 고을 때나 장 조릴 때 연탄이 제일 안정적이거든. 한번 올려놓으면 시간을 정해 그때 가서 보면 되잖아. 가스 저거는 계속 신경을 써야 하지만 연탄 이거는 안 그렇단 말이야. 지금 올려놓고 몇 시간 후에 가면 되겠다, 딱 답이 나오는 거지.

연탄은 쉽사리 사라지지 않을 거야. 앞으로 십 년, 이십 년 후에도 연탄은 있을 거야. 연탄재는 구청에서 받아 줘. 포대에 담아 월요일 저녁 내놓으면 구청 트럭이 가져가. 비료 같은 거로 쓰지.

이야기를 나누며 걷는 골목길

내 아팠던 얘기? 그동안 몸은 건강했어. 특별히 아픈 데는 없었지. 몸은 돼도 감기 한번 안 들고 당뇨약 말고는 아파 본 적이 없어. 운동은 따로 안 했어. 연탄 배달이 운동이 됐을 거야. 그러다 여든하나에 탈이 났어. 여든하나 되는 해 6월에 김태롱 선생과 나에게 무료건강검진 공문이 문화재청에서 왔어. 김태롱 선생은 좌수영 어방놀이 보유자라서 왔고 나는 수영야류 보유자라고 왔어. 동아제약에서 건강검진 경비를 댔던 것 같아. 한서병원에 한 열흘 입원도 하고 대학병원에서도 수술했지만 아직 병명은 몰라. 병원에서도 안 가르쳐 주고 애들도 안 가르쳐 줘.

수영야류

어떻게 해서 수영야류 보유자가 됐냐고? 1988년 4월인가 그래. 새집 지어놓고 거기서 밥을 먹는데 김용태 씨라고, 내 친구 김용수 큰형이야, 찾아와선 이래. "동생, 니 내 말 좀 들어라." "무슨 얘긴교?" "민속보존회 좀 올라와야겠다. 민속보존회에서 같이 하면 좋겠다." 그러시는 거야. 내가 좀 놀았어. 소리도 좀 하고 춤도 좀 췄어. 양춤은 안 하고 한춤만 했지. 김용태 씨가 그걸 알고 있었던 거야. 연탄 일이 바빠서 안 되겠다 했더니 바쁘

68

면 바쁜 대로 하고 안 바쁘면 안 바쁜 대
로 하면 된다 그래. 집사람이 옆에 앉아
서 또 그래. 아주버니가 직접 오셔서 말
씀하시는데 하면 안 되겠느냐고.

수영야류

그때만 해도 기름보일러가 많이 나왔
지. 또 여름은 별로 할 일이 없으니 그래
갖고 갔어. 여름에 더우니 밤으로 연습하
는 거야. 그런데 수영야류에서 영감 역을
하던 박남수 선생이 어방놀이 보유자가
딱 된 거야. 그래서 그분 대신 영감을 맡
은 거야. 영감을 맡아 하는 대로 따라 하

고 연습하고 춤도 춰 보고 대사도 해 보고 그리해서 수영야류 영감으
로 본격 나서게 된 거지. 그러다가 2002년 2월 5일 수영야류 보유자가
됐어. 집에 인정서가 있어.

대담은 여기까지였다. 대담은 다정했고 즐거웠다. 더러는 함께 웃었
고 더러는 농담을 섞기도 했다. 대담을 마치고 연탄집으로 갔다. 거기
서 사진을 찍었고 거실로 초대를 받았다. 사모님이 작은집 김장을 하
러 집을 비웠으니 커피는 직접 끓여 마시라고 했다. 커피를 끓이는 동
안 문화재청에서 발급한 '중요무형문화재 보유자 인정서'를 꺼내 보여
주셨다. 커피를 마시며, 인정서를 보며 연탄을 생각했고 연탄처럼 뜨

거운 사람을 생각했다.

헤어질 때 다음에 꼭 연락하란 말을 덧붙였다. 혹시 당신이 기억 못
하면 '동가'라고 밝히면 금방 알 거라고 했다. '동가'는 시인이라서 시를
한 편 써 드리고 싶었다. 내 시도 좋겠지만 나보다 열배 백배 시를 잘
쓰는 시인의 연탄 시를 알기에 여기 옮기는 걸로 내 마음을 대신한다.
안도현의 시 '연탄 한 장'이다.


방구들 선들선들해지는 날부터 이듬해 봄까지

조선팔도 거리에서 제일 아름다운 것은

연탄차가 부릉부릉

힘쓰며 언덕길을 오르는 거라네

해야 할 일이 무엇인가를 알고 있다는 듯이

연탄은,

일단 제 몸에 불이 옮겨 붙었다 하면

하염없이 뜨거워지는 것

매일 따스한 밥과 국을 퍼먹으면서도 몰랐네

온몸으로 사랑하고

한 덩이 재로 쓸쓸하게 남는 게 두려워

여태껏 나는 그 누구에게 연탄 한 장도 되지 못했네

생각하면

삶이란

나를 산산이 으깨는 일

눈 내려 세상이 미끄러운 어느 이른 아침에

나 아닌 그 누가 마음 놓고 걸어갈

그 길을 만들 줄도 몰랐었네, 나는

60년 묵은 이발소, 주인공과
단골이 온화하게 늙어가는
**-정원이용원**

최원준 ｜ 시인

photo by 쁘리야김

동광동 백산 거리 뒷골목. 사람 몇이 지나다닐 정도의 길 안으로, 조용히 숨어있듯 자리하고 있는 '이발소'가 하나 있다. 요즘 말로 '이용원'이라는 곳인데, 간판은 '정원이용원'으로 적당히 아담한 이발소이다.

주인장 이발경력이 60년을 훌쩍 넘긴 곳으로, 이발소 모든 것들이 편안하게 늙어있는 곳이다. 이발소 의자도, 세면대와 거울도 세월의 더께가 묻어, 오래된 정물처럼 제 자리를 지키고 앉았다. 마치 어릴 때 머리를 깎던 동네 이발소에 들어온 느낌이다. 문을 열고 들어서니 벌써 두어 명 단골손님 머리를 손질하고 있던 주인장 서정현 대표가 예의 부드러운 미소를 머금고 반긴다. 1941년생이니 우리 나이로 76세. 늙수그레한 이발소에 주인장도 손님도 모두 또래처럼 함께 온화하게 늙어가는 곳이다.

면도날에서 '사각사각' 수염 깎여나가는 소리가 맑고 시원하다. 라디오에서 구성진 뽕짝 음악이 흘러나오고, 머리를 맡긴 사람이나 깎는 사람이나 그 노랫가락을 천천히 따라 읊조린다. 그렇게 이발소 안은 세상일과 무관하게 모두 편안해 보인다.

## 76년 삶 중에 60년을 이용업에 종사

정원이용원 서정현 대표. 16살 때 이용기술을 배웠으니 올해로 60년을 꽉 채운 세월이다. 76년의 삶 중에 60년을 이용업에 종사했으니, 사

점포 외관

람 머리 손질에 일평생을 고스란히 바쳤다 해도 과언이 아니다. 그만큼 그에게 있어 이용업은 평생 짊어지고 가야 할 업이자, 신앙과도 같은 존재였을 것이다. 갑자기 그의 삶이 무척이나 궁금해진다.

전남 광양시에서 7남 2녀 중 여덟째로 출생한 서 대표는 형님들 교육 뒷바라지에 가세가 기울어, 중학교 합격 후 학업을 포기하고 마을 서당에서 한학교육을 4년간 수학했다. 이후 고향에서 별다른 진로를 찾지 못하다가 부산에 있던 큰형님의 부름을 받아 부산으로 온다.

당시 16살이었던 그는 20살 터울의 큰형님 소개로 양화 기술, 사진관 기술 등 다양한 직업기술들을 배웠는데, 그의 말을 빌리면 '모두 적성에 맞지 않아 배우다 말고 배우다 말고' 했단다. 그러다 형님 단골 이발소에서 이용기술을 배우게 된 것이 평생의 업이 된 것.

범일동 매축지 부근 태화고무 정문 앞에 있던 이발소였는데, 한 달 동안 그에게 제공되는 것은 식사와 잠자리, 목욕비와 휴일에 가끔 찾는 극장입장료 정도였다. 그런 열악한 환경 속에서 그는 손님들 머리를 감기고, 물 긷고, 난로용 석탄인 조개탄 나르고 등등의 허드렛일을 도맡아 했다.

머리 감기는 일은 참으로 힘든 노동이었다. 고객 대부분이 이발할 때나 머리 감는 경우가 많아 머리카락에 기름이 끼고 떡이 져, 제대로 감기기가 여간 어려운 것이 아니었다. 특히 고객들의 '시원하게 빡빡 감겨 달라'는 주문에 손톱이 닳아 자랄 날이 없을 정도였고, 손가락 마디마디가 쑤실 정도로 고생이 많았다고.

그렇게 머리 감기는 일에 적잖은 세월을 보냈는데도, 세발(머리 감기는 일)의 기초만 가르쳐주고 난 후, 면도 기술은 제대로 가르쳐주지 않았다. 면도기술은 조발(머리를 손질하는 일)을 하기 위해 거치는 사전 입문코스.

"원래 면도는 사장이 기회를 잘 주지 않아요. 날카로운 면도칼을 사용해야 하기에 자칫하면 고객에게 상처를 입히기 때문이지요." 때문에 좀처럼 면도를 배워볼 기회가 없었다. 그러던 중 면도기술만 있으면 어느 이발소에서든 '기술자로 인정받고 월급도 많이 받는다.'는 주위 사람들의 말에, 어깨너머 선배들의 기술을 눈여겨보았다가 일과를 마친 후 몰래 연습을 하는 나날을 보낸다.

그나마 눈썰미가 있어 기술을 조금씩 익혀나간 결과, 우여곡절 끝에 희망하던 면도 일을 맡게 된다. 그때 고생 때문인지 면도를 배우고 난 이후로 다른 이용기술들은 나름 수월하게 습득했다고 회상한다.

정원이용원 서정현 사장님

이용기술, 아주 다양하고 복잡한 장인의 기술

"이용기술의 순서는 우선 미나라이(세발사), 함빠(면도사), 중함빠, 오함빠, 이치니마이(이발사)로 나뉩니다. 모두 일본 이용기술이라 일본 어로 통용이 됐었죠. 세발을 졸업하면 면도사로 입문하고 면도사로 어느 정도 인정을 받아야 이발 가위를 잡을 수 있는 거죠. 이마저도 이용 기계(바리캉 등)에 익숙해져야 비로소 가위로 고객의 머리를 손 볼 수 있습니다." 서 대표의 말을 듣고 보니 이용기술도 아주 다양하고 복잡한 장인의 기술로 구성되어진 것을 느끼겠다.

조발은 주로 바리캉으로 머리를 정리한 후 고객의 머리 형태, 어울리는 헤어스타일 등을 고려해 직접 가위로 깎는다. 이 기술을 서 대표는 '하사미'라고 불렀다. 조발 후에는 머리를 고정시키는 작업을 하는데, "당시에는 고데기(머리 인두기)를 연탄불에 데워 적당한 온도가 되도록 찬물에 식혀 머리카락을 고정시켰습니다."

지금은 드라이기가 보편화 되었지만 1960년대 초만 해도 드라이기가 있으면 최첨단 이발소로 인정받았던 시절이었다. 그래서 일반 이발소에서는 머리에 포마드를 바르고 머리 인두기로 머리를 말면 기름 타는 냄새와 함께 연기가 몽글몽글 피어오르곤 했단다.

당시 이용기술은 도제교육과 다름없었다. 이발소 사장과 세 사람 선배들의 양말을 도맡아 빨아 대령할 정도로 선후배 사이는 엄격했으며, 선배의 말을 곧 법이었다. 그 틈바구니에서 면도를 배웠으나, 선배들 쉬는 날이나 면도칼을 잡을 정도로 그 기회는 적었다.

그러던 중 '면도는 꾸준히 해야 기술이 는다.'는 주변 사람들 말에 면도를 주로 할 수 있는 이용원으로 자리를 옮기게 된다. 지금의 부산일보 뒤편에 있는 이용원이었다. 보수도 훨씬 낫고 환경도 좋았다. 이곳에서 꾸준히 면도와 조발을 하며 실력을 쌓았다.

점점 이용기술을 인정받아 국제시장으로, 적기로, 그리고 서면으로까지 진출하게 된다. 서면에서는 당시 고급 이용원이었던, 옛 시외버스 터미널 앞 '상해이발관'에서 '시아기맨'(드라이 등 머리 다듬는 사람) 모집에 테스트를 받고 당당히 입사하기도 했다.

선진 고급 이용기술을 배울 수 있었던 이곳에서 서 대표는 이용기술자로서의 모든 것을 거의 습득할 수가 있었다. 이후 4.19 나던 해에 대신동 동아대 앞에서 꿈에 그리던 자신의 이용원을 운영하기 시작한다. 이후 광성고등학교 근처로 옮겼다가, 1967년 현재의 장소로 옮겨 50여 년을 중앙동 터줏대감으로 자리하고 있는 것이다.

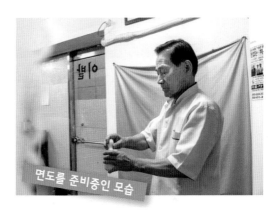

면도를 준비중인 모습

유행 민감한 이용원, 멋쟁이들의 단골집합소

서 대표에게 이용기술의 종류를 물었다. 그의 입에서 들도 보도 못한 용어들이 줄줄이 튀어나온다. "백구(빡빡), 이찌부(일부머리), 리부(이부머리), 스포츠 칼라(짧게 깎은 머리), 하사미(가위 손질), 맘보머리(앞머리를 머리 인두기로 길게 뽑아내는 머리), 나미(앞머리를 꼬는 것), 리젠트(옆머리를 뒤로 붙이는 것), 올백(머리를 뒤로 넘기는

깔끔한 이용원의 모습

것)…"

내친김에 시대별 유행했던 헤어스타일도 소환된다. "1960년대에는 하이칼라. 상고머리(앞머리와 뒷머리 쳐올린 머리). 단발. 가리야기 단발(어린 소녀들의 단발머리) 등 머리를 짧게 깎았고요, 1970년대는 장발이 유행하여 머리카락을 살짝 골라주는 정도만 했어요."

그는 장발에 대한 재미있는 에피소드 한 가지를 들려줬다. "한번은 단골손님이 장발을 한 대학생 아들을 끌고 와 '리부로 확 밀어주소!' 하기에 시원하게 머리를 밀어줬어요. 그런데 얼마지 않아 아버지가 '나도 머리나 한번 길러볼까?' 하더니 그 뒤부터 심하게 장발을 하고 다닙디다. 멋있다고요." 이렇게 머리는 예나 지금이나 유행과 세태에 민감하다. 당시에 머리가 짧으면 '평양에서 왔나?' 할 정도로 비아냥거림을 받기도 했다고.

사람 얼굴 형태에 따라 각기 다른 기술과 스타일로 머리를 깎는다는 서 대표는 "이발은 오래 했다고 잘하는 게 아닙니다. 고객의 특성과 어떤 머리 스타일이 어울리는지의 눈썰미, 그리고 나름의 이용기술에 대한 노력 등이 필요한 요소들이죠."

그래서 고객이 문을 열고 들어오면 어떻게 머리를 깎아야 할지 단번에 느껴진다고. 일단 빗질하며 머리를 만져보면 두상의 특성이 파악되고, 그 특성에 맞게 깎으면 거의 다 만족스러운 머리 스타일이 나온단다.

손님의 의견을 물어보기는 하지만 거의가 그가 권유하는 헤어스타일로 깎는 경우가 많다. "어울리지 않는 헤어스타일을 원하는 고객들은 자기만의 고집이 있는 사람입니다. 그러면 그가 원하는 대로 깎아주지만 최대한 잘 어울리게 깎아줍니다."

이발 순서는 조발, 면도, 안마, 세발, 머리를 말려주고 난 후 스킨 등 화장, 얼굴 마사지, 귀 청소, 코털 정리, 드라이까지 총 10여 가지의 서비스가 풀코스로 펼쳐진다. 1970년대까지만 해도 포마드 등 머릿기름도 발라주었다고. 지금도 그렇지만 그때도 머리에 관한 유행이 심해, 멋쟁이들의 단골집합소가 이용원이었단다.

## 한때 직원 14명 둔 대형 이용원 운영하기도

당시 서 대표가 이용원을 운영했던 중앙동은 부산 시내에서 가장 번화한 곳 중의 한 곳이었다. 모든 것이 시작되고 출발하는 곳이라 손님들이 다양했단다. 법원, 시청, 언론사, 상공회의소 등이 근처에 있었기에 단골 고객들이 변호사들이나 기자, 은행 지점장, 고위 공무원들이었다. 특히 한국은행, 제일은행, 산업은행, 주택은행, 경남은행 등의 지점장들과 병원 원장들이 주 단골이었단다.

"한창 잘 될 때는 조발사 10명, 면도사 4명 등 직원을 14명이나 두고 영업을 했습니다. 당시에 일본인을 대상으로 통역 가능한 최고의 이발사들만 채용했었죠. 때문에 이 일대에서는 머리 잘 깎기로 소문이 날 정도로 유명했었습니다."

그러다 80년대 이후 퇴폐이용업이 부산에 상륙하면서, 퇴폐영업을 하지 않으면 사업이 안 될 정도로 퇴폐이용업소가 난립을 하게 된다. 이용기술보다 퇴폐영업이 대세였던 시절이었다.

그로 인하여 한동안 업을 내려놓을까 고민할 정도로 서 대표의 이용원 고객이 급격하게 줄어들게 된다. 일부 노후한 시설을 새롭게 설비했으나 퇴폐영업을 하지 않으니 이마저도 소용이 없었다. 투자는 했으나 고객이 들지 않으니 큰 타격은 불 보듯 뻔했다. 그의 일생에 있어

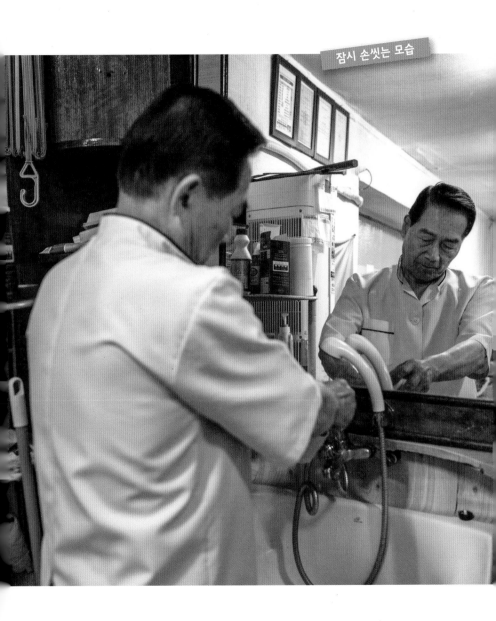
잠시 손씻는 모습

서 가장 힘들었던 시절이었다.

한때는 퇴폐영업의 유혹에 잠시 흔들리기도 했으나 꿋꿋이 이용기술로 승부했다. 퇴폐영업은 잠시의 바람이고 장인정신은 영원한 것이기에, 유행병에 휘둘리면 안 된다고 마음을 다잡고 다잡았다.

"그때 배운 것이 '이발도 정직해야 되겠다. 올곧고 한길을 가야 한다.'는 것입니다. 그렇게 살았기에 지금껏 후회 없고 많은 단골이 저를 인정해주는 것 같습니다." 그런 풍파 뒤에 지금은 혼자서 묵묵히 이발소를 지키며 평안한 노후를 보내고 있다는 서 대표.

요즘 오는 손님들은 대부분 60~80대로 거의 30년 단골들이란다. 30년 이상 안 되면 이곳에서는 명함도 못 내밀 정도. 단골이 단골을 소개하는 시스템이라 한번 오면 모두 단골이 된단다. 그래서인지 연로하신 단골들이 점점 사라진단다. "언젠가부터 머리 하러 오지 않으면 대부분 세상을 떴다고 보면 됩니다. 그럴 때마다 마음이 무겁고 안타깝죠." 단골들이 '오래오래 살아야 됩니다.'라고 툭 던지는 말에, 참으로 고맙고 보람 있다는 서 대표. 60여 년의 수고로움이 말끔히 해소가 된다고 한다.

서 대표가 조발을 마친 고객의 머리를 직접 감겨준다. 마사지하듯이 전체를 비누로 칠하고 머리카락 한 올 한 올 어루만지듯 감긴다. 샤워기로 머리를 헹구고 다시 두 번째 감긴다. 머리를 맡긴 사람은 무아지경 어린애처럼 그에게 몸을 맡기고 있다.

세 번째 감기고 나니 머리카락에서 뽀드득뽀드득 경쾌한 소리가 난다. 수건으로 얼굴 곳곳을 어루만지듯 닦아주고 머리를 말리는 것도 꼼꼼하다. 드라이기로 머리 형태를 잡아준다. 그리고 다시 한 번 머리를 다듬고 나서야 머리 손질을 마친다.

손님이 "우리 집사람이 몬 알아보먼 어짜노~?" 너스레를 떤다. 그래도 그는 사람 좋은 미소만 싱긋이 지을 뿐 가타부타 말이 없다.

"고맙게도 이 이용기술 덕분에 1남 2녀의 우리 가족들 잘 건사했습니다. 우리 부부와 아들딸 모두 건강하고 별 탈 없이 행복하게 살고 있고요. 지나고 보니 다른 생각 안 하고 이 일을 꾸준히 하며 한길을 팠다는 점이 내 인생에 있어 가장 보람 있는 일이었던 같습니다." 그의 눈가가 꿈을 꾸듯 아스라해진다.

그와 작별인사를 하고 이발소를 나서는 필자에게 그가 한 마디 툭 던진다. "자주 오이소~ 여름에는 찬물에 손 씻으러 오고, 겨울에는 난로에 손 녹이러 오이소~ 오다가다 커피도 한잔하고요~" 그의 말에 가슴 뜨겁게 차오르는 '동네 이발소'의 그리움이 방울방울 맺히는 이유는 뭘까?

추억을 싣고 달린다
-삼천리 자전거

김대갑 | 여행작가

# 1. 추억의 자전거 수리점

학교에서 돌아온 소년은 아버지의 자전거를 몰래 갖고 나왔다. 아버지는 큰 집에 제사 지내러 가셨다. 휘파람을 불며 소년은 자전거를 타고 동네를 쏘다녔다.

동네 꼬마들이 부러운 눈으로 소년을 쳐다보았다. 그때만 해도 자전거를 사려면 제법 돈을 줘야 했다. 거의 쌀 한 가마니 값이었다. 소년은 동네 꼬마들의 시선을 뒤로 한 채 신나게 자전거를 몰았다. 스쳐 지나가는 바람이 무척 시원했다. 옥색 구름이 바람 따라 잔잔히 흐르는 가을날이었고, 코스모스는 길가에 지천으로 피어 있었다. 코발트블루의 하늘에서 아이의 얼굴 위로 푸른 물이 뚝뚝 떨어질 것 같았다.

그렇게 한참을 가던 중이었다. 갑자기 앞바퀴가 덜컹 내려앉으면서 소년은 앞으로 와당탕 고꾸라졌다. 소년의 눈에 들어온 것은 길거리에 누운 채 빙글빙글 돌아가는 앞바퀴였다. 오른팔과 무릎이 욱신거렸다. 동네 꼬마들이 몰려왔다.

머리에 버짐이 핀 동철이가 쌤통이라는 듯이 빵꾸라고 말했다. 뭐? 빵꾸? 큰일이었다. 아버지의 자전거에 빵꾸가 났으니 이를 어쩐단 말인가? 지나가던 동네 아저씨가 소년을 일으켜 주며 자전거 빵에 갖고 가라고 하셨다.

소년은 자전거를 끌기 시작했다. 동네 꼬마들이 우르르 자전거를 따라왔다. 무슨 참새 떼처럼 꼬마들은 재잘거렸다. 자전거 빵에 가서 신난다는 표정이었다. 자전거 빵은 아래 로터리에 있었다. 소년의 발길은 천근만근이었다. 무릎이 욱신거렸고 오른팔에 힘이 없었다. 자전거 빵으로 가는 길은 오늘따라 너무 멀기만 했다.

헉헉거리며 겨우 자전거 빵에 도착하니 아저씨가 막 셔터를 내리려던 순간이었다. 소년은 큰소리로 빵꾸 고쳐주세요 라고 말했다. 아저씨는 인상을 찌푸리며 내일 오라고 말했지만 소년은 오늘 꼭 고쳐야 된다고 매달렸다. 소년의 간절한 눈동자를 읽은 아저씨는 담배를 비벼 끄며 셔터를 올리고 공구함을 꺼내야 했다.

아저씨는 일자 드라이버와 가위, 본드를 집어 들었다. 앞바퀴 타이어를 일자 드라이버로 젖힌 아저씨는 타이어 안에 숨어 있는 튜브를 꺼냈다. 그때 주브라고 불렀던 튜브는 가지 속살처럼 흰색이었다. 물이 담긴 플라스틱 통에 튜브를 돌려가며 넣던 아저씨는 뽀그르르 새어 나오는 공기 방울을 발견했다. 동네 꼬마들은 신기한 듯이 아저씨의 손놀림을 지켜보았다.

한 꼬마가 주브에서 물방울이 나온다고 중얼거렸다. 자전거 빵은 꼬마들에게는 재미있는 놀이터였다. 펜치와 드라이버, 용접기 등 각종 공구가 널린 가게 안은 과학 실험실 같은 풍경이었다. 자전거를 수리하는 아저씨의 손은 맥가이버처럼 만능이었다. 가게 안에 진열된 자전거를 만지며 꼬마들은 선망의 시선을 던졌다. 자전거 빵에는 커다란 라디오도 있었다. 그 스피커에서 나오는 소리는 꼬마들에게 소리의 신세계를 안겨주었다.

아저씨는 못 쓰는 튜브의 한쪽을 잘라 작은 사각형을 만든 뒤 본드를 넉넉히 발랐다. 빵꾸가 난 부위에도 본드를 발랐다. 이제 시간이 지나면 본드가 진득해질 것이다. 그럼 두 개를 서로 붙이면 빵꾸 작업은 끝난 것이다. 신기했다. 저런 식으로 빵꾸를 때우다니. 아저씨가 소년에게 돈 갖고 오라고 재촉하자 소년은 그제야 집으로 뛰어갔다.

집 안으로 들어선 소년은 우당탕 안방구석으로 뛰어갔다. 깡통으로 만든 저금통을 찾아야 했다. 구석진 곳에서 저금통을 찾은 소년은 100원을 꺼내 다시 자전거 빵으로 뛰어갔다.

자전거 빵에 도착하니 동네 꼬마들이 소년의 자전거를 잡고 장난을 치고 있었다. 그 모습을 본 소년은 자전거에서 물러나라고 고함을 질렀다. 꼬마들이 입을 비죽이며 뒤로 물러났다. 소년은 아저씨에게 100원을 주고 비로소 자전거를 찾았다.

어느새 석양이 서쪽 하늘을 붉게 물들이고 있었다. 자전거를 끌고 가는 소년의 그림자가 땅바닥에 길게 드리워졌다. 자전거도 덩달아 길게 누워 있었다. 동네 꼬마들은 어느새 하나둘 흩어지기 시작했다. 소년은 핸들을 잡으며 가슴 속에서 뿌듯함을 느꼈다. 자전거빵이 있어서 천만다행이었다. 무척 긴 하루였다.

## 2. 빨리 달리는 목마, 자전거

 '빨리 달릴 수 있는 기계', 바로 자전거이다. 이 기계를 최초로 만든 사람은 1791년 프랑스의 귀족인 시브락이라고 알려져 있다. '셀레리페르'라는 이름을 가진 이 기계는 자전거의 원조이다. 그런데 재미있는 것은 이 기계는 아이들이 타던 목마 장난감에서 힌트를 얻었다는 것이다. 실제로 셀레리페르는 목마처럼 핸들과 페달이 없었다. 오로지 발로 땅을 박차는 힘으로 굴러가던 자전거였다. 자전거는 바로 오락이자 생활로써 출발한 것이다. 이후 자전거의 역사 또한 사람의 생활사와 밀접한 관련이 있다.

셀레리페르

드라이지네

벨로시페드

셀레리페르는 그 후 핸들이 부착된 '드라이지네'로 발전되었고, 페달이 달린 '벨로시페드'로 진화하였다. 이때 자전거들은 튜브가 없어서 땅의 진동이 그대로 사람에게 전달되는 불편한 기계였다. 1868년에 영국에서 비로소 바이시클이란 용어가 나타났다. 오늘날처럼 타이어가 달린 자전거는 1888년이 되어서야 등장하였다. 이때부터 자전거는 대중적인 기계가 되었다. 그 이전까지 소수의 사람이 즐기던 스포츠에서 모든 사람이 대중 교통수단으로 사용하게 된 것이다.

우리나라에서 최초로 자전거를 탄 사람은 누구일까? 윤치호라는 설도 있고 서재필이라는 설도 있다. 대체적으로 1895년 망명지 미국에서 돌아 온 서재필로 보는 것이 유력하다고 한다. 서재필은 갑신정변의 행동대장으로 활동하다 정변이 실패하자 미국으로 건너갔고 11년 만에 의사가 되어 고국으로 돌아온다. 그가 귀국하면서 미국에서 타고 다닌 자전거를 갖고 왔다는 것이다.

당시 한양의 도로 사정은 거의 흙길이었다. 좁은 도로는 비포장이었고 사람과 우마차의 통행도 구분되지 않았다. 그런 길에 서재필이 자전거를 타고 다니면서 동에 번쩍, 서에 번쩍했으니 당시 사람들은 경이와 신비감을 가졌다고 한다. 그래서 사람들은 그의 자전거를 축지차라고 불렀다. 자전거는 자행거, 안경차, 혹은 축지차나 쌍륜거라고 불렸는데 1903년 정부에서 처음 자전거라는 명칭을 부여했다.

자전거가 한양 도심에 출연하면서 함께 등장한 것이 자전거 수리점이었다. 일제 강점기를 거치면서 국내에는 자전거 산업이 아직 등장하지 않았다. 주로 일본에서 중고 자전거를 들여온 것이 전부였다. 그래서 자전거 수리점이 먼저 생겨나게 되었다. 사람들이 이용하는 탈것 중에서 추억이란 단어와 잘 어울리는 것은 아마도 자전거가 아닐까 싶다. 순수하게 사람의 힘만으로 굴러가는 자전거는 사람의 땀 냄새가 배어 있는 기계이다. 고장 난 자전거를 척척 수리해주는 자전거빵은 동네 사랑방이자 정겨운 만남의 광장이었다. 추억과 땀 냄새가 묻어 있는 소담한 공간으로서 자전거 수리점은 우리 골목길의 정겨운 풍경이었다.


## 3. 3000리 자전거와 부산 대리점


삼천리 자전거의 모태는 기아자동차이다. 국내 최초로 가솔린 엔진을 개발한 기아자동차는 학산 김철호 사장이 1944년에 설립한 회사이다. 당시 이름은 경성정공이었는데 1952년에 기아산업으로 변경하게 된다. 이때 삼천리 자전거를 처음 만들었다. 바로 국내 최초로 만든 완성품 자전거였다.

해방 직후, 당시 국내에는 일본에서 중고로 들여오던 자전거가 태반이었다. 늘어나는 인구와 부족한 교통수단으로 자전거는 날로 그 수요가 늘어났다. 수요에 비례해서 자전거 부품에 대한 주문이 경성정공으로 쇄도하였다. 그래서 경성정공은 각종 부품의 분해 재생을 통해 주요 부품을 생산하게 되었다. 이런 기술을 터득하면서 마침내 완성 자전거를 생산하게 된 것이다.

삼천리라는 브랜드는 시대적 배경을 반영해 통일의 염원을 내포한 의미로 탄생하게 되었다. 그래서 최초의 국산 자전거는 '3000리호'가 된 것이다. 당시 시제품은 12대였다.

부산에 자전거 수리점이 최초로 등장한 것은 아마 일제 강점기였을 것이다. 삼천리 자전거가 생기면서 그 최초의 대리점은 1972년에 생겼다고 한다. 그러나 이 최초의 대리점이 현재 영업을 하는지는 확인이 안 된 상태이다. 그다음에 오래된 것이 부전동에 위치한 삼천리 자전거 대리점이다. 34년 동안 한 자리에서 계속 수리점을 운영하고 있는 사장님이 계시는데 이제 그의 이야기 속으로 들어가 보자.

## 4. 내 청춘 자전거와 함께

### 17살에 자전거 수리에 입문한 이기호 사장

젊음과 정열의 거리, 부산 서면. 정확한 행정 명칭은 부전동이지만 부산 사람들은 오래전부터 이곳을 서면이라고 불렀다. 부산에서 청춘을 보낸 사람이라면 누구나 '백악관'이라는 나이트클럽을 들어보았을 것이다. 부산에서 가장 큰 나이트클럽이었던 곳으로 청춘 시절의 추억과 사랑, 이별이 서린 곳이었다. 원래 이 자리는 고무 공장이 있던 자리였다. 이 백악관 뒤쪽 길가에 서면 일대 상인들의 자전거를 수리해 주던 장인이 있다. 바로 이기호 사장이다.

점포 외관

부전로 37번지에 위치한 삼천리 자전거 대리점은 지난 1982년에 처음 문을 열었고 현재까지도 영업을 하고 있는 곳이다. 점주인 이기호 씨는 67세의 나이에도 여전히 펜치와 드라이버를 들고 자전거를 수리하고 있다.

그의 터전인 자전거 수리점은 그리 크지 않다. 13평 남짓한 아담한 규모이다. 강화 도어를 열고 들어가면 우선 눈에 뜨이는 것은 바닥에 깔린 두터운 철판이다. 찍히고 긁힌 상처가 역력한 오래된 철판. 자전거 수리점의 역사가 오롯이 묻어 있는 물건이었다. 낡은 책상과 의자가 놓여 있고 그 의자에는 이기호 사장의 땀내가 배어 있었다. 가게 내부를 둘러보니 천장과 벽에 다양한 모습의 자전거가 진열되어 있다. 다락방도 하나 있었는데 부품 창고로 쓰이는 곳 같았다. 구석진 곳에는 철제로 된 부품 공구함이 놓여 있었다. 책상 옆에는 줄잡아 수십 년은 됐음직한 전기 두꺼비집이 세월의 무게를 쓴 채 고요히 앉아 있었다.

오래된 두꺼비집

오래된 공구함

"자전거 이야기를 쓴다고예. 하이고 마 관두이소. 징글맞은데. 다 먹고 살려고 이 짓 한 거지 머 별거 있는교?"

먹고 살려고 10대 때부터 자전거에 매달린 청춘이 아쉬운지 이기호 사장은 연신 손을 젓는다. 뭔가 물씬한 냄새가 나는 예감. 무려 50년의 세월 동안 자전거에 매달린 그의 이야기가 무척 궁금해진다.

"고생은 말도 못하게 많이 했지요. 겨울이면 비수기 아입니꺼? 우리 어릴 때는 난로나 제대로 있었습니까? 주브(튜브)를 물에 넣으면 얼음이 얼어서 손도 따라 얼고, 난로는 연탄난로니까 불도 시원찮고. 허허 고생도 그런 고생이 없었지예."

이기호 사장은 고생은 타고났다면서 고개를 절레절레 흔든다. 그러면서 여전히 자전거 이야기는 어디다 쓰려고 하냐면서 타박을 준다.

그래도 우리 어릴 때의 이야기 중에 자전거 이야기만큼 소중한 추억이 또 어디 있으랴? 누구나 한 번쯤은 가지고 있을 자전거에 대한 추억. 우리들 삶에 늘 가까이 있었던 자전거. 자전차라고도 불렸던 자전거를 이기호 사장은 그냥 '차'라고 불렀다. 큰 차도 있었고 작은 차도 있었고, 머 기타 등등.

원래 그의 고향은 경남 밀양이었다. 중학교를 졸업하고 직장 생활을 하던 중에 처음 자전거 수리에 뛰어들었다고 한다. 그건 순전히 경제적인 이유였다. 당시 그가 다닌 자전거 수리점은 그에게 숙식을 제공했던 것이다. 먹고 자면서 자전거 기술을 배울 수 있었던 게 그가 자전거에 입문하게 된 계기였다. 그때가 1960년대 후반이었다. 아는 형님이 수리점을 하셨는데 그곳에 놀러 다니면서 자연스레 자전거 기술을 익혔다고 한다. 지나온 세월이라 말을 쉽게 하셨지만 그 속에 녹아 있는 세월의 아픔과 고통을 어찌 알 것인가? 미약하게나마 추론할 뿐이다. 하긴 그 시절에 어린 나이에 경제 활동을 한 이가 어디 이기호 사장뿐이랴? 우리 아버지와 할아버지도, 우리 삼촌과 이모, 고모들도 다 힘들게 산 시절이 아니었던가?

그가 기억하는 초창기 부산의 자전거 수리점은 무척 소박했다. 지금처럼 대리점 시스템이 아닌 말 그대로 자전거 점포의 역할을 했던 곳이 태반이었다. 완성된 자전거 두 세대 갖다 놓고 주로 펑크 난 곳을

삼천리 자전거 이기호 사장님

때우거나 자전거 수리를 하는 것이 주된 일이었다. 요즘처럼 새 자전거를 수십 대 갖다 놓고 폼 나게 자전거를 팔던 곳이 아니었다. 소소하게 수리를 하며 오고 가는 사람들과 정겹게 대화를 나누던 곳. 바로 그런 곳이 자전거 수리점이었던 것이다.

"그때 당시 빵꾸를 때우면서 30원 정도 받은 것 같아요. 요즘으로 치면 한 5천 원 정도 되지요. 허허. 당시 자전거 한 대 값은 쌀 한 가마니 값이었거든. 그건 요즘도 비슷해요."

이기호 사장 말마따나 요즘도 보통의 자전거 한 대 값은 기본 생필품인 쌀 한 가마니 값과 비슷하다. 쌀 한 가마니가 20만원 내외이고 자전거 한 대도 그와 비슷한 수준이다. 희한하게도 40년 전부터 자전거와 쌀은 정비례 관계에 있었던 것이다. 아마 이것은 자전거와 쌀이 서민 생활과 밀접한 생필품으로 취급받은 측면이 있었던 것 같다.

"당시 쌀 한가마니 팔아서 자식들 자전거 사줄 정도였으면 어깨에 제법 힘이 들어가는 사람들이었죠."

이기호 사장과 한참 이야기를 하던 중에 강화도어가 열리면서 기이한 음성이 들려왔다. 그이그이 하면서 알 수 없는 소리를 내뱉는 사내. 나이는 40대쯤 되었을까? 말을 못하는 사람이었다. 그는 자전거를 문 안으로 들이밀면서 조합되지 않은 언어들을 안쓰럽게 뱉어냈다. 그러다가 볼펜과 종이를 찾으면서 뭐라고 적고는 손으로 앞바퀴 브레이크를 가리킨다.

이기호 사장과 사내는 몇 번 필담을 주고받다가 금액을 합의한다. 원래는 만 원짜리지만 이기호 사장은 8천 원만 받기로 한다.

"허허, 저 사람, 원. 말을 못하니. 이 자전거는 오래돼서 부품이 거의 없어요. 내 가게가 오래되었으니까 다행히 부품이 있는 거지."

이기호 사장은 익숙한 솜씨로 옛날 자전거의 부품을 풀고 새 걸로 교체하기 시작한다. 무척 빠르고 신속한 손놀림. 장인의 손길이 절로 느껴지는 순간이었다. 옛날 가게가 존속해야 하는 이유가 바로 이런 것이었다. 오래된 기계나 물건을 수리해주는 곳은 역시 오래된 점포밖에 없다. 그래서 그 점포의 역사나 문화가 가치를 받는 것이다. 이기

장인의 손길

호 사장의 자전거 수리점은 그런 점에서 가치가 있는 것이다. 마치 오래된 이야기를 듣는, 오래 묵은 된장에 풋고추를 찍어 먹는, 바로 그런 맛이 나는 텁텁한 이야기가 그의 자전거 수리점에 묻어 있는 것이다.

말 못하는 고객은 8천 원의 돈을 여러 번 세어가며 이기호 사장에게 건네준다. 그는 문을 나서며 흡족한 미소를 짓는다. 그가 봐도 수리는 완벽하게 된 것이다.


### 34년 된 자전거 수리점


"내 가게를 하게 된 것은 30대였어요. 그 이전에는 직장 생활도 하다가 사업도 하다가 여러 개 했지요. 벌써 34년 되었으니 참 세월이 빠르네요."

자전거 입문으로 치자면 50년이요, 자전거 업으로 치자면 34년이다. 결코 녹록지 않은 세월이다. 그 수많은 세월 동안 그는 어떤 마음으로

점포 외관

자전거를 대했을까?

"솔직히 말하자면 자전거 일을 배운 것은 순전히 생계 때문이지요. 내가 이걸로 자식 세 명 다 공부시키고 시집 장가보냈으니까. 내가 이 나이에도 왜 이렇게 점포에 나오는지 압니까?"

이 대목에서 이기호 사장의 장인 정신이 완곡하게 표현되었다. 자전거 수리는 무척 힘든 작업이라고. 함부로 쉽게 생각하면 큰코다친다고 강조하였다. 단 한시라도 가게를 비울 수가 없단다. 자전거를 판매만 한다면야 아내를 가게에 앉히면 되는 것이다. 그러나 자전거를 판매하는 것도 중요하지만 자전거를 수리하는 것이 진정한 업무인 것이다. 자전거 기술자인 자신이 자리를 비우면 그걸로 가게 영업은 끝난다는 것이다. 그래서 잠시라도 자리를 비울 수가 없다는 것이다. 고객들이 원하는 즉각적인 수리를 누가 해준단 말인가?

"부산 시내에서 자전거 대리점을 하는 사람 중에 선발주자와 후발주자가 있지요. 나처럼 10대 때부터 죽을 고생 하면서 기술 배운 사람들이 있고, 퇴직하거나 다른 직장 다니다가 뒤늦게 들어온 사람들이 있지요. 도중에 그만둔 사람들도 많고."

이기호 사장의 얼굴에 약간의 결기가 묻어났다. 근 50년의 세월을 자전거에 매달린 자신의 인생에 대한 자부심이었다. 다른 사람이 보기에는 하찮은 자전거 수리일 수도 있지만 그에게는 50년의 세월 동안 동고동락한 소중한 기술이었다. 손재주도 있어야 하고 열정도 있어야 했다. 함부로 덜렁 뛰어들 분야가 아니라는 것이다.

삼천리 자전거 대리점은 그가 30대 초반에 하게 되었다. 초창기 대리점은 지금과 같은 분위기가 아니었다. 무엇보다도 자전거가 지금처럼 완제품 형태로 공장에서 출고된 것이 아니었다고 한다.

점포 내부

"삼천리 본사에서 자전거를 완성품 형태로 준 것은 얼마 안 됩니다. 옛날 때는 다 부품을 내려보냈어요."

이게 무슨 말인가? 부품을 내려보냈다니? 그럼 가게에서 조립했단 말인가?

"예, 그렇죠. 가게에서 다 조립했어요. 바퀴와 튜브, 프레임, 페달, 바퀴 살대와 림, 브레이크 등. 공장에서 부품만 주고 조립은 내가 해서 자전거를 팔았지요. 요즘은 그야말로 땅 짚고 헤엄치기지."

땅 짚고 헤엄치기 할 정도로 요즘은 자전거 판매가 수월하다는 이야기였다. 그도 그럴 것이 이기호 사장이 대리점을 할 때만 해도 공장에서 내려온 물건은 반제품이었고, 부품 위주였다. 가게에서 조립해서 판매하라는 것이었다. 그게 바로 기술이라고, 그게 바로 손재주요 열정이라고 이기호 사장은 힘주어 말했다.

그런데 그의 손재주가 과연 후대에 전해질 수 있을까? 예전 고대 중국의 어느 나라에 마차의 바퀴를 만드는 기술자가 있었다. 당시에 그 장인의 기술은 대단히 중요한 기술이었다. 적정한 공간을 만들어서 바퀴가 끼이지도 않고 여유가 남지도 않게 하면서 잘 굴러가게 만드는 게 핵심 기술이었다. 그런데 그런 기술은 장인의 감각에 의존하는 것이라서 전수가 힘들었다. 오죽하면 그 기술자는 자신이 아무리 자식에게 기술을 가르쳐 줘도 자식은 기술의 똥 찌꺼기만을 받을 뿐이라고 말했을까?

그건 이기호 사장의 경우도 마찬가지일 것이다. 아무리 그가 제 3자에게 기술을 전수해줘도 그는 이기호 사장의 기술 중 지극히 일부분만을 받는 것이다. 말 못하는 고객의 자전거 브레이크를 수리해주는 것도 마찬가지이다. 브레이크는 아주 민감하다. 바퀴를 잡는 힘이 넘쳐서도 안 되고 모자라서도 안 된다. 적정한 파워, 적정한 조임이 필요하다. 그런 것이 감각이다. 몇 번의 손놀림과 기술로 "적정한 것"을 만드는 능력이 바로 기술인 것이다.

이기호 사장의 가게에서 아주 오래된 공구 하나를 보게 되었다. 공구라기보다는 일종의 받침대였다. 그 옛날 자전거 튜브의 펑크를 고치는 데 필요한 도구였다. 한 이십 센티 정도 되는 높이의 나무 상자 위에 스텐 판이 박혀 있었다. 스텐 판 옆에는 공간이 있어 잡다한 것들을 집어넣을 수 있었다.

"옛날에 튜브가 빵꾸나면 다 쓴 튜브를 잘라 공기 새는 곳을 막았어요. 요즘에는 기성 고무 제품이 나와요. 빳지 고무라고 하는데 그걸로 막으면 끝이죠. 옛날에는 일일이 본드를 발랐지요. 그것도 손으로. 이 스텐판은 튜브를, 옛날에는 주브라고 했지요. 주브에다가 본드를 쉽게 바르기 위해 내가 만든 거예요. 요즘에는 솔이 달린 본드가 있어 편리해졌지만. 허허."

그가 가리킨 나무 상자는 가게의 역사와 거의 세월을 같이 한 것이었다. 여러 흔적이 켜켜이 쌓인 스텐판. 그리고 스텐판에 반사된 그의

얼굴. 수많은 세월이 흐르고 흘러 그의 자전거 수리점이 사라진다 해
도 이 스텐 판에 서린 그의 흔적만은 결코 사라지지 않을 것이다. 그
건 그의 세월이 진득히 묻어 있는 스텐 판이기 때문이었다.

펑크 수리함

## 5. 다시 자전거의 추억

누가 말했다. 왜 자전거에 대한 추억이 그리도 애틋할까? 왜 자전거
에 얽힌 추억이 그리도 아련하게 다가올까? 그 이유 중 하나가 자전거
를 배우는 과정이 특별하기 때문이란다. 넘어지고 깨지고 울고 하면서
겨우 자전거를 배우게 된다. 이 과정에서 자신도 안타깝고 가르치는
사람도 안타까워하면서 인생의 쓴맛을 처음 경험한다는 것이다.

그 쓴맛을 경험한 후 자신의 두 발로 페달을 밟으며 상쾌한 기분을

느끼는 것은 인생의 희열을 선사한다. 또 자전거가 애틋한 것은 그 자전거의 뒤쪽에 다른 사람을 태울 수 있다는 것이다. 누군가를 자신의 곁에 두면서 같이 간다는 애틋함이 자전거에 서려 있는 것이다. 비가 오거나 눈이 와도 자전거를 함께 타고 간다는 공감대가 은연중에 서려 있다. 좋아하는 사람을 태우고 갈 수도 있고, 손자나 손녀를 태우고 갈 수도 있다. 그게 애틋하고 아련한 추억인 것이다. 결국 사람과 사람의 관계인 것이다. 자전거는 사람의 힘으로 움직이는 유일한 탈 것이다. 그리고 사람과 격의 없이 만나는 도구이자 누구나 탈 수 있는 대중적인 매개체이다.

추억과 사랑의 자전거. 50년 세월 동안 이기호 사장이 수리한 것은 자전거와 그 자전거를 타고 다닌 사람들의 마음일 것이다.

photo by 쁘리야김

로렉스 수리

촌각(寸刻)을 재단하다
-영보시계

최원준 │ 시인

시간은 시각과 시각의 사이, 때(時)의 경계이다. 크게는 과거, 현재. 미래를 경계 짓고, 짧게는 분, 초를 다투는 경계이기도 하다. 그 시간 속에 사람은 나름의 삶을 계획하고 재단하고 영위한다. 그만큼 시간은 인간에게 있어 필수불가결한 삶의 근저이다.

그러하기에 시간을 눈으로 보고 일생을 갈무리하기 위해 '시간을 표시하는 기구'를 만들어냈는데, 이것이 바로 '시계'이다. 처음에는 해시계, 물시계 등 자연을 이용하다가 태엽시계, 디지털시계에 이어 위성시계에 이르기까지 그 종류를 다양이 하며 인간의 곁에서 정확한 시간을 제공하고 있다.

오늘에 이르러서 시계는 시간을 알리는 역할뿐 아니라 패션 액세서리와 인간 품위유지의 아이템으로도 활용되고 있다. 호사가들에게 있어 시계는 '품격의 완성', 패션의 마지막 방점이자 '화룡점정'이라고들 한다. 그만큼 시계는 현대인들에게 인품을 대변하는 기구이기도 하다.

부산 중구 국제시장 시계 골목. 이곳에는 57여 년을 시계 수리의 외길인생을 지켜온 시계 수리 장인 김진간(73) 대표가 업을 하고 있다. 경북 청송 출신으로 현재 '영보시계'란 시계 수리 및 판매전문점의 대표이다. 소문으로는 못 고치는 시계가 없다는 것이 그에 대한 평가이다.

그의 사무실로 들어서니 수리 데스크와 진열장 등지에 구석구석 새끼손톱만 한 시계부품들과 수리기구들이 빼곡하다. 그의 시계에 대한 한도 끝도 없는 욕심이 읽힌다. 그는 대수롭지 않다는 듯 '이런 부속들이 집에 보관한 것까지 합치면 한 트럭 분은 될 것.'이라며 한 마디 툭 던진다.

시계수리, 정밀하고 고도의 집중력 요하는 작업

"시계는 정밀기계라서 수리할 때는 고도의 집중력을 요합니다. 수백 개의 부품들을 일일이 분해하고, 고장 난 부분을 찾아내어 수리하고, 오염된 부품은 깨끗이 청소하여 다시 조립하는 과정을 거쳐야 하기에, 잠깐의 잡념도 허용해서는 안 되는 작업이지요."

그에게 시계에 관한 좌우명이 있다면 '시계는 하루에 한 개만 수리한다.'이다. 그만큼 수리에 신경을 집중하고 제대로 고치기 위해서이다. 이렇게 시계를 대하는 그의 진지함 때문에 창원, 울산, 김해 등 많은 지역에서 그의 수리 실력에 의탁하고 있다.

이를 뒷받침이라도 하듯 2010년에는 러시아 영사관에서 제정러시아 시절 황실의 회중시계와 손목시계 두 종류의 시계 수리를 의뢰해오기도 했다. 시계 문자판이 동판 위에 사기로 코팅된 것으로 아주 고급스럽고 품위 있는 시계였다. 며칠 만에 깨끗이 수리해 보냈더니 영사관에서 정식으로 감사의 뜻을 전해왔다고 한다. 고맙다고 해 보람되고 기억이 나는 기억이란다.

시계 수리는 우선 시계 전체를 분해한 후, 어떤 부품이 파손됐는가 보고 잘못된 부분의 부품을 갈아서 다시 조립하는 과정을 거친다. 수백 개의 부품을 일일이 분해해야지만 시계의 고장 여부를 알 수 있기에 여간 손이 가고 복잡한 공정이 아니다. 이러한 일련의 일들이 그에게는 제 손바닥 보듯 훤하다.

때문에 여타 수리 전문점은 고장이 없더라도 분해 후 조립비 명목으로 2~30만 원의 비용을 받지만, 김 대표는 시계 자체의 고장이 아닌 경우에는 비용을 받지 않는다. 그의 이러한 모습들 속에서 장인의 풍모가 넉넉하게 풍겨나는 것을 본다.

그의 57년 시계기술자로서의 삶은 강원도 춘천 외갓집에 세 들어 살던 시계기술자를 만나면서부터이다. 시계 수리에 큰 관심을 보이던 그를 외삼촌이 중간에 나서서 시계기술을 배우도록 주선을 했던 것. 그때 나이 16세, 1959년 즈음이다.

이후 춘천시 죽림동에 있던 '복금당'이란 시계포에서 시계에 관한 기초기술을 3여 년간 배웠다. 눈썰미가 남달랐던 그는 짧은 기간 동안 다양한 시계 수리기술을 익히게 된다. 그 후 친구와 동업으로 일신당이란 시계포를 직접 경영하면서 본격적인 사업을 시작한다.

당시 시계 관련업은 고급직종이라 다른 직업에 비해 보수나 영업이익이 꽤나 높았다. 시계포를 운영하면서 돈은 꽤 벌었지만 전문적인 시계기술과 좀 더 큰물에서 활동하고 싶은 그의 가슴 속 욕망은 주체할 수 없을 정도로 커져만 갔다.

부산으로 무작정 내려온 그는 일생의 스승 최봉수 씨를 만나게 되면서 시계 수리 장인으로서의 삶에 꽃을 피우게 된다. 최 씨는 일본의 수리기술학교에서 6년간 유학하고 부산에 자리 잡은 본격적인 시계기술자.

그의 스승은 시계 수리에 한해서만은 원칙적이고 완벽한 장인정신을 강조했다고 한다. 기술만이 아니라 시계에 대한 전반적인 이해와 애정만이 장인정신을 도야할 수 있다는 것. 그러하기에 조금이라도 이상이 있는 시계는 절대 고객에게 넘기지 않았다고 한다.

기술 본위의 완벽한 일본식 도제 수업으로 유명한 그의 문하생으로 1965~1970년까지 5년간을 시계에 대한 기본부터 고급기술에 이르기까지 완벽하게 습득을 한다. 강도 높은 도제식으로 기술을 연마해 나중에는 시계 기술자들이 수리한 시계를 스승에게 전달하기 전 중간검사를 하는 일을 맡을 정도로 사랑을 받았다.

이후 동아데파트에 있던 '서보양행'의 시계기술자로 일했는데, 당시 월급이 1만 5천 원 정도였다. 국제고무 노동자들이 4~5천 원의 월급을 받을 때였으니 꽤 인기 있는 직업이었다는 것을 미뤄 짐작할 수 있겠다. 1970~1972년까지 3년간 월급 기술자로 일하다가 현재의 국제시장 시계 골목에서 현재에 이르고 있다.

시계 골목의 부침과 함께했던 칠십 평생

국제시장 시계 골목은 원래 세명약국 골목에 삼삼오오 모여 있다가 1956~57년 즈음 지금의 시계 골목으로 옮겨와 지금에 이르고 있다. 당시 중고시계를 사고팔고, 수리 등도 했지만, 해외에서 선원들이 음성적으로 가져온 물건들을 남대문시장 등지로 올려보내는 중간 기착지

역할도 했었다.

"1970~80년대가 최전성기였어요. 당시 유행했던 시계는 세이코, 라도, 갤럭시, 시티즌, 오리엔트, 애니카, 니코, 산도 등등 참 많은 시계들이 이 골목으로 흘러들어왔지요."

당시에 시계 골목 종사자들이 난전에만 150여 명 정도. 그 외 재료상, 대리점. 도금업자, 재생(문자판 재생), 선반(부속 조각) 기술자 등을 합치면 어마어마한 인원들이 이 골목에서 생계를 이어간 것이다. 경기가 좋을 때는 주위 술집, 다방. 여인숙 등도 흥청망청했다고.

당시 시계학원도 범일동 인근에 3개가 성업했고, 하루 6~7집, 한 달에 200여 개의 시계 관련 점포가 개업할 정도였다. 서울, 대구, 광주 등 주요 도시의 시계 수요를 모두 이 골목에서 충당했던 시절도 있었다.

때문에 지방 상인들이 외국 시계를 구할 때까지 이 골목에 늘 진을 치고 있을 정도였다. 그러나 해외여행이 자율화되면서 쇠락의 길을 걷기 시작하여 지금은 시계노점 10집, 점포 3집, 재료상 1집 정도로 그 명맥만 이어오고 있을 정도이다.

1,000여 개의 부품 속에서 시각을 재단하다

시계의 부품은 일반적으로 80개에서부터 300개 정도 된다. 그러

115

나 수동시계는 800개, 자동태엽시계는 1,500개 정도의 부품으로 이뤄져 있다. 시계 충격흡수장치인 인카블럭 등의 부속품들은 눈에 보이지 않을 정도이다. 때문에 시계를 수리하다 보면 미세한 손 떨림도 용납되지 않는다. 머리카락 같은 부품들이 지름 3~5센티미터 안에 수백 개씩 맞물려 있으니 말이다.

때문에 그는 시계 수리를 할 때면 '루페(작업용 확대경)'를 눈에 끼고 수리를 한다. 수리용 테이블 책상 옆에는 다양한 크기와 용도의 10여 개의 드라이버와 대여섯 개의 핀셋이 다소곳하다. 핀셋을 잡은 그의 손가락 마디마디마다 굳은살이 박여 있다. 그의 시계 수리의 역사가 고스란히 읽혀진다.

그는 시계 중에도 롤렉스시계 수리를 전문으로 하고 있다. 롤렉스시계가 우리나라에서는 명품 중에서도 대중화되어 있고, 수요가 많아서 그렇다. "우리나라 사람들, 시계 명품 하면 롤렉스시계잖아요. 번쩍번쩍하는 금딱지 롤렉스시계를 손목에 떡하니 차야 자신의 성공을 인정받고 자신의 신분을 보증받으니까요."

때문에 가짜 롤렉스시계가 가장 많이 소비되고 시중에 떠돌아다니는 곳 중의 하나가 우리나라이다. 그만큼 허황된 신분상승의 욕구와 거짓된 허영심, 우리 사회의 물질만능주의가 만들어낸 사회적 편견의 어두운 결과물 중에 하나다.

## 명품 시계, 자신의 품위 대변. 소중히 다뤄야

1980년대 서울올림픽을 전후로 명품 시계의 수요가 많아졌는데, 그 때부터 고가의 시계 시장이 커졌다고 한다. 롤렉스, 까르띠에. 피아제 등 명품 시계의 가격은 일반사람들의 상상을 불허한다. 그나마 싼(?) 명품급 시계가 2~3천만 원 선. 보통은 7~8천만 원을 호가한다. 좀 더 고가의 명품들은 2~3억 원을 훌쩍 뛰어넘는 것들도 있다고 한다.

이때부터 시계로 사람을 판단하는 물질만능시대가 요동을 치게 된 다. 명품 시계를 물질의 척도로 보고 재산 정도를 가늠한다는 것이다. 이러다 보니 가짜 명품을 손목에 차고 거들먹거리는 이들이 생겨나고, 서로 속이고 속는 일도 허다하게 벌어진다는 것이다.

"가짜 명품 쓰면 나라가 망합니다. 허영심과 뒤틀린 신분상승 욕구 때문에 거짓 시계를 차고 다니는 거예요. 한창 혈기왕성할 때는 가짜 를 맡긴 사람들과 싸우기도 했습니다."

1970년대까지만 해도 시계가 고장도 적고 완벽했는데 지금은 외양 이 화려하고 디자인은 아름다워졌지만 부품들은 약해서 조심히 쓰지 않으면 고장이 자주 난단다. 부품 중 주로 톱니 부분이 닳아서 오는 경우가 많다. 톱니 수는 많아지고 철판은 상대적으로 얇아져서 그렇 다고. 더욱 정밀해졌지만, 상대적으로 부품의 강도는 약해졌다는 뜻이 겠다.

"시계는 사용하는 이의 부주의에 의해 고장이 나는 경우가 대부분입니다." 시계가 저절로 고장 나는 일은 절대 없단다. 세상에서 가장 정밀하고 예민한 최첨단 기계라서 함부로 대하면 고장이 잦을 수밖에 없단다.

과도한 충격을 피하고. 차고 벗을 때 주의하고. 물을 피하는 등, 제대로만 다루고 간수만 잘하면 50년을 사용해도 끄떡없다는 것이다.

그래서 한때는 좋은 명품 시계를 함부로 간수하는 고객들에게 호통을 치기도 했단다. 시계에게 다시 생명을 불어넣는 사람으로서 당연한 꾸짖음일 수도 있겠다. 그러나 디지털시대가 도래한 요즘은 시계를 차고 다니는 것만도 고마워 완곡하게 타이른다고 한다.

## 하루에 한 개만 수리하는 장인정신의 소유자

가끔씩은 국제시장 뒷골목 자그마한 점포의 시계수리점이라 업신여기고 함부로 하는 소비자들이 간혹 있기도 하단다. 특히 명품 시계 수리를 맡기면서 당일 찾아가겠다고 고집을 부리는 사람들도 있어 마음이 편치 않다고.

원래 명품 시계는 부품들이 정밀하게 맞물려있어 실낱같은 오차에도 작동이 멈출 정도로 민감한 기계이다. 때문에 일본에서는 수리 기간이 한 달여 정도이고, 부산의 신세계백화점 안의 수리점도 이십여

일 정도이다.

물론 김 대표의 기술로는 하루 만에 부품을 분해, 수리, 클리닝까지 가능하지만, 그런 사람들의 인식은 안타깝고도 서운한 것이 사실이라고. 그러나 57년간을 시계 수리를 천직으로 살아온 그에게는 그마저도 시계수리 과정에서의 에피소드쯤으로 치부하는 아량이 있다.

"소명의식이라든지 그런 거, 저는 잘 모릅니다. 그냥 시계 수리가 내 취향이고 내 소질에 맞는다는 것뿐입니다. 고장 난 시계를 보면 꼭 고치고 싶다. 고친 후 째깍째깍 돌아가는 시계를 보면 흐뭇하다 뭐 그런 맛에 풀고 조이고 닦으며 평생을 시계수리기술자로 살아온 거죠."

시계수리명장 김진간 대표. 하루에 한 개의 시계만 수리하는 장인 정신의 소유자이자인 그에게서 시계란, '시간을 재단하는 삶의 동반자.'이다. 때문에 그는 오늘도 사람들의 풍요한 삶과 올바른 시간 활용을 위해 정확한 시간 정보를 제공하는 시계 앞에서 그의 예리한 눈빛을 벼리고 있는 것이다.

영보시계를 방문한 손님들

카메라와 함께한 60여 년,
그 인내와 절제된 장인정신
-신카메라

최원준 | 시인

photo by 쁘리야김

부산의 노포를 취재하면서 국제신문 사진부장 출신인 김탁돈 사진가에게 '부산을 대표하는 카메라 수리의 장인'을 수소문한바 있다. 김작가에게서 잠시의 망설임도 없이 호명된 이가 '신카메라'의 신동균 대표였다.

점포 외관

그를 만나기 위해 광복동 입구의 니콘 카메라 수리 대리점을 겸한 신카메라로 들어섰다. 인상이 꽤나 샤프하다. 오랫동안 첨단기계의 부품을 만지다 보니, 나름의 인내와 절제가 겸비된 듯하다.

"아버지께서 1959년부터 광복동 입구 노점에서 중고카메라점을 하셨는데, 국민학교 5학년 때부터 이곳에서 수리 심부름을 했습니다."

카메라와의 인연을 묻자 돌아온 대답이다. 그 인연이 60여 년을 헤아린다.

"당시만 해도 카메라 수리기술이 일천하여, 카메라를 수리하고 돌아서면 고장이 날 정도였어요. 그러니 맡긴 고객들에게도 미안하고, 수리 심부름을 도맡아 하던 저도 귀찮은 일이었지요." 어린 마음에도

'왜 이렇게 수리를 못 하지? 차라리 내가 배워서 고치는 편이 낫겠다.'
고 생각할 정도였다는 것.

그러던 중 카메라에 관심이 많은 그를 지켜보던 부친이 '카메라 수
리를 네가 직접 해보면 어떻겠냐?'며 그의 의중을 물었던 것. 카메라
와의 동고동락 60년의 세월이 시작되는 순간이었다. 그때 그의 나이
12세, 국민학교 5학년 때였다.

당시 카메라 기술에 일가견이 있던 카메라점 '미영사'의 기술자 이
수봉 씨에게 직접 기술을 배우기 시작한다. 어느 기술이라도 마찬가지
겠지만, 그 시절 카메라 수리기술은 주위에서 절대 가르쳐 주지 않았
다. 고급기술인데다 기술을 가르쳐주면 곧바로 경쟁자가 되기에 그러
했다. 그가 카메라 수리를 배운다는 소문에 수리 심부름을 맡기러 가
는 곳마다 수리 기술자들이 그의 앞에서는 수리하지 않았을 정도였
다.

"주위 기술자들이 수리를 잘했으면 아마도 내가 이 직업을 안 택했
을 겁니다. 도대체가 미화당백화점에서 수리를 해서 광복동 입구에 오
면 고장이 날 정도로 기술이 형편없었으니까요. 수리를 의뢰한 손님들
에게 미안하고 심부름하기 귀찮아서라도 내가 고치고 싶었던 겁니다.
아버지께서도 '와 이렇게 수리를 몬 하노? 차라리 니가 함 고치바라.'
며 은근히 권유하기도 했고요." 그의 부친은 이미 고가의 카메라가 곧
대중화될 것이라 예견을 하고 있었다. 그래서 카메라기술만 있으면 아

들 밥벌이는 걱정 없겠다 싶었던 것.


그의 부친 신태학 씨는 1966년 인천으로 올라가, 인천에 카메라 붐을 일으킨 장본인. 당시 인천에는 필름판매소만 있을 뿐 카메라전문점은 없었던 시절이었다. 그때 인천에서 처음으로 카메라전문점을 시작하여 2005년까지 영업을 하며 인천지역 카메라 보급에 큰 역할을 담당했던 사람이기도 하다.


## '완벽한 수리'를 고집하는 장인의 단호함


12살 때부터 고사리손으로 카메라를 만지기 시작했으니 카메라 수리만 57년째인 신 대표. 당시 그는 카메라에 푹 빠져 낮에는 카메라 수리에 매진하고 밤에는 야간 중학교에서 학업을 계속하는, 말 그대로 주경야독의 생활을 이어갔다.

"그래도 힘이 든다거나 하기 싫다는 생각을 안 해 봤어요. 카메라 속만 들여다보면 세상 가는 줄 몰랐으니까요. 그야말로 카메라 삼매경이랄까, 카메라 수리에 무궁무진한 매력에 빠진 겁니다. 어린 나이에도 카메라만 있으면 배가 고프지 않았으니까요."

몇 년 카메라 수리를 하다 보니 카메라업계에서 '어린아이가 수리를 곧잘 한다.'는 입소문이 돌기도 했다.

신카메라 신동균 사장님

그러던 중 18살 되던 해 고급 카메라 수리를 배우기 위해 광복동 입구의 일광카메라에 취직을 한다. 이곳에서 다양한 종류의 카메라와 만나고, 그 속도 들여다보고, 각각의 카메라 원리와 고장의 원인 등을 눈감고도 찾을 수 있을 정도가 되었다. 많은 사람이 그에게 카메라를 맡기기 시작했고, 그의 식견에 신뢰를 보내기 시작했다.

그래서인지 신 대표는 자신을 '태어날 때부터 기술자 자질'을 타고 났단다. 일 중독이라 할 정도로 기계를 만지고 있으면 시간 가는 줄 모르고 그저 행복하단다. "몸도 알아보는지 평소에 손에 땀도 안 차고 손 떨림도 없습니다." 정밀 기술자로서 최적화되었다는 말이다.

"수리점을 몇 군데 거치면서 엉망으로 만들어 온 카메라를 고쳐주고 나면 정말 흐뭇합니다. 직접 앞에서 고장 난 곳 설명하며 고쳐주는

영업장 내부 전경

사람은 나뿐일 겁니다. 그만큼 카메라 수리에 대해서만큼은 자신이 있었죠."

해서 그는 평소에도 그의 후학들에게 '100% 수리가 아니면 수리가 아니다. 수리를 하려거든 완벽한 수리를 해라.'는 좌우명을 전해준다. "잘하는 수리는 별거 없어요. 공장에서 나오는 그대로 고쳐주면 됩니다. 더도 덜도 필요 없어요. 그렇기에 카메라를 속속들이 외우고, 눈 감고도 부품의 제자리를 알아야 합니다." 그의 말에 장인의 단호함이 단단하게 묻어있다.

## 전자카메라 도입 시절, 부산 최고의 장인

1969년도부터 일본의 '야시카' 카메라가 전자화 되면서, 그는 전자 카메라의 신기술을 배우기 위해 전자 관련 기술을 습득한다. 그때 학원에서 배운 전자기술로 전자카메라 수리시장에 기술적 우위를 점하는 계기가 된 것이다.

당시 야시카 카메라는 카메라 앞에 불이 반짝거린다고 '빤짝이'라고 불렀는데, 그 인기가 보통이 아니었다. "월남 전쟁 때 월남 간 사람들은 무조건 야시카를 들고 들어왔어요. 한국에 가지고 들어와 팔면 이문이 컸었거든요. 당시 카메라는 재산목록 1호였기에 그 인기가 대단했습니다."

"당시 카메라 수리기사 대부분이 50대였기에 새로운 전자기술이 들어간 카메라 수리에 애로가 많았어요. 저는 20대였기에 아무래도 새로운 기술에 빨리 적응을 한 것이죠. 때문에 고장 난 전자카메라는 못 고친다는 말을 듣고 맡긴 카메라를 제대로 수리해 주니까 부산에서는 꽤 이름을 얻게 됐지요. 뿐만 아니라 팔미리 영사기, 환등기. 촬영기 등도 당시 부산에서는 유일하게 수리해 냈습니다."

그즈음에 그는 카메라기사협회 주최 2급 기능사 자격증 시험에 100점 만점을 유일하게 받을 정도로 카메라기술이 탁월했다. 그 기술을 바탕으로 사용 못 한다는 카메라를 싸게 고쳐주고, 간단한 수리는 무료로 고쳐주다 보니 다른 기사들에게 미움도 많이 받았다고.

1996년 그는 자신의 성을 딴 카메라수리점을 차리고 본격적으로 카메라 수리의 길에 뛰어들게 된다. 지금도 부산의 카메라수리점 하면 자연스럽게 떠오르는 '신카메라'가 바로 그가 일생을 바쳐 지켜온 업장이다.

카메라 부속은 보급형 700~800개 고급기종 1,500~2,000개 이상. 모두 시계가 복잡하다고 생각하는데 정작 카메라가 더욱 부품 많다. 특히 독일제 카메라들이 복잡하고 어려워 대신 기계 오차율이 거의 없을 정도로 정밀하다.

그런 정밀 기계를 만지다 보니 드라이버, 핀셋 등, 외에는 수리 도구까지 자신에게 맞게 직접 만들어서 쓴다. "도구를 직접 만들어 쓰

카메라수리점의 역사에 대해 설명하는 모습

면 내 손에 잘 익어 수리할 때 마음 가는 대로 도구가 움직여줍니다. 그러면 시계 수리에 실수가 적고 잘 고쳐지지요."

그는 한국에서는 최초로 '미국 카메라 수리협회'에 가입되어 있어 카메라 선진기술과 새로운 기계 등 신문화 정보에 빠른 편이었다고. 그뿐만 아니라 모든 부속품을 수월하고 원활하게 공급받을 수 있어 다른 수리공보다 두어 단계 앞서가는 기술을 보유할 수 있었던 것.

"카메라는 크게 기계식과 전자식으로 나뉘는데, 2000년대부터 거의 디지털화 되면서 전자식 카메라가 시장을 장악하고 됩니다. 그래서 일본의 니콘, 캐논, 미놀타, 펜탁스 등이 대중화 되죠. 특히 세계적으로 니콘, 캐논이 주종을 이루고 있는데, 이 때문에 업장도 수리보다 부품을 교환하는 시스템으로 바뀌었어요."

이렇게 기계 카메라 산업이 사양화되면서 직접 손기술로 수리하는 일이 줄어들어, 그도 디지털카메라 니콘의 A/S점을 겸하고 있다. 그러나 니콘 카메라는 기계는 이상적인데, 대신 고장이 없어 대리점 수익은 별로란다. "그래도 튼튼한 기계 만지고 고치는 보람이 더 크죠."라며 애써 무덤덤하다.

카메라 수리하는 모습

"카메라는 이제 사양 산업입니다. 앞으로는 사진촬영도 카메라 대신 스마트폰을 활용하게 될 겁니다. 워낙 디지털 산업이 첨단화되고 있으니까요. 그래서 특수 분야 외에 카메라산업은 사양화 되는 거죠."

이제 스마트폰을 그냥 통신수단으로 생각하는 사람은 거의 없다. 스마트폰은 이제 디지털미디어 그 자체로서 발전하고 있다. 미디어와 관련된 통신, 네트워크, 토털커뮤니케이션의 도구로서 수많은 역할을 감당하고 있다. 그는 '사진과 동영상 촬영도 이제 스마트폰 영역의 일부에 속했다.'고 진단을 하는 것이다.

"카메라는 부지런히 사용해야 됩니다. 많이 쓰면 고장 난다지만 사용하지 않아서 고장이 나지 꾸준히 쓰면 고장이 안 납니다. 사람도 몸을 움직여야 건강하듯이 카메라도 마찬가지입니다."

너무 귀해 아무도 못 만지게 할 정도로 애지중지하던 카메라를, 모셔놓기만 하고 활용하지 않으니 카메라 산업마저 사양화되고 있다는 것. 벌써 이십 년 전에 그는 예견했던 일이란다.

해서 "내 밑에서 카메라 수리를 배우던 아들은 운영의 애로점 때문에 다른 직장을 잡아 나갔습니다. 한때는 아버지, 동생, 아들, 사위. 딸 등 가족 대부분이 카메라 업에 종사했었는데 말입니다." 그가 잠깐 옛 시절을 회상하며 허공을 바라본다. 그의 얼굴에서 쓸쓸함이 가득 번진다.

카메라 수리 장인으로서의 꼿꼿한 길을 가고자 노력해 왔던 신 대표. 올곧은 수리만을 고집했던 일생이었다. "수리에는 어떤 사사로움도 들어가면 안 됩니다. 우리나라는 엉터리 기술자들이 많았어요. 그래서 기술자들에게 옳은 소리 자주해 미움받고 오해도 많이 받곤 했습니다."

그러나 아무도 고치지 못하는 기계를 고쳐낼 때의 보람은 말로 표현할 수가 없었다던 신 대표다. 돈을 떠나 카메라 수리기술은 대한민국 최고라는 자부심으로 평생을 기계와 함께했다는 점에 큰 자부심을 느끼는 신 대표. 그의 황혼이 그윽하고 아름답게 붉어지는 저녁 무렵이다. 인생의 놀이 곱고도 또 곱다.

# 3부

내가 만든 모자에
환갑상 차려야겠네
-효성제모

김한근 | 부경근대사료연구소 소장

photo by 쁘리야김

모자(帽子)를 사전적 의미로 해석하면, '머리에 쓰는 물건의 하나', 혹은 '예의를 차리거나 추위, 더위, 먼지 따위를 막기 위한 것'으로 표현된다. 이런 사전적 의미를 다시 유추해 보면 모자는 '추위나 더위, 먼지 등을 막는 기본적 용도' 외 '예의용'도 추가가 된다.

우리나라 모자에 대한 역사적인 기록은 중국 문헌인 '삼국지 위서 동이전(三國志 魏書東夷傳)'에서 볼 수 있다. '옷과 두건 입기를 좋아하며 백성들도 군에 갈 때는 모두 옷과 두건을 빌려 입었다'는 내용과 '부여(扶餘) 사람들은 모자를 금·은으로 장식하였다.' 옷과 두건을 갖춘 의복은 당시 국가의 공식적인 의례를 할 때 입는 공복이자 사회적 지위를 보여준 복식임을 알 수 있다.

조선 시대에는 왕을 비롯하여 서민에 이르기까지 계급에 따라 다양한 모자가 있었고, 그 유물과 기록도 많이 전해지고 있다. 조선 시대 왕이 사용하는 모자만 해도 의례와 용도에 따라 원유관(遠遊冠)·통천관(通天冠)·익선관(翼善冠)·주립·공정책(空頂幘)등이 있었다.

결국 모자는 '머리에 쓰는 것'을 의미하지만 시대와 지역에 따라 그 용도와 형태는 다양하게 발전했다. 우리나라의 경우 과거에는 차별화된 신분의 표현 수단 및 예의를 갖추는 외관으로 사용됐다. 그래서 신분과 계급에 따라 사용하는 모자를 만드는 재료와 형태, 디자인이 각

각 달랐다. 일례로 사극에서 등장하는 인물의 모자만 보아도 대략 신분을 짐작할 수 있는 것이다. 오늘날 모자는 자신의 개성을 표현하는 미적 수단이며 의복과 함께 어울리는 패션 요소로 중요한 역할을 하고 있다. 1931년, 영화 '[마타 하리(Mata Hari)]로 센세이션을 불러일으킨 그레타 가르보(Greta Garbo, 1905.9.18~1990.4.15)는 백화점에서 모자를 팔던 점원이었는데 바스크 베레(베레모의 기원)를 쓴 그의 모습에 반한 감독이 캐스팅했다는 일화로 유명하다. 그레타 가르보는 '신비함'의 이미지를 가진 여배우로 오랫동안 사랑받았는데, 그것은 그녀가 모자를 애용하여 언제나 얼굴을 반쯤 가리고 드러내지 않았던 포즈가 큰 역할을 했다고 한다. 이후 그녀 여러 영화에서 그녀만의 독특한 개성을 지닌 모자로 자신의 인기뿐 아니라 영화 속 장면의 모자도 유행하는 데 일조했다고 한다. 이제 모자는 남녀 모두에게 단순히 가리는 수단이 아닌 패션의 완성이라는 역할까지 하고 있다.

모자를 만드는 일 한 가지에만 60년 가까이 매달려온 사람이 있다. 대신동 부경고등학교 옆 길가에 효성제모를 운영하고 있는 김양종 옹이 그분이다. 81세지만 아직도 모자에 관한 한 누구보다도 자신 있다는 노익장을 과시하고 있다.

평생 모자 만드는 일에만 몰두해 오신 특별한 계기가 있었느냐고 여쭈어 보았더니 김 옹께서는 당신이 살아오신 이야기부터 술술 펼쳐 내

신다.

- 원래 부산 출신이신가요?

1936년 거제 지세포리에서 3대 독자로 났는데 위로 누님만 다섯 아이가. 내가 태어날 때 아버지가 60세. 어머니가 48세. 내가 3살 때 아버지가 돌아가셨는데 그때 기억은 안 나는데 어릴 때 고현면 수월리에서 양정동으로 넘어가는 그기 살았어. 일제시긴데 살던 데가 천수답이었는데 흉년이 계속 들어가 힘들었어... 근데 그래도 일제 순사가 와서 막 곡식을 가져갔던 기억이 나. 안 뺏길라고 당산 밑에도 숭카고 했

부부가 사업장 내에서 앉아 있는모습

는데 우짜든지 찾아가꼬 뺏아갔어.

- 먹고살기도 힘든 시절에 모자를 만드는 건 어떤 인연이 계기가 되었
는지요?

어머니가 집에서 삼베를 잘 짰어. 그거 보면서 안 자랐나. 근데 어머
니가 베를 잘짜신다는 기 온데 소문이 났능기라. 그래서 김해에서 어
머님을 요샛말로 초빙을 했어. 그래서 6살에 어머니하고 둘이만 김해
진영으로 이사를 갔는데 어머니 베 짜는 솜씨 땜에 따로 방 한 칸에
베 짜는 일을 할 수 있게 해준 기라. 해방 때, 그라까네 내가 10살 때
다른 집을 얻어서 살았는데 주인이 함안사람인데 그때 미싱을 본 기
라. 그기 지금도 기억이 쌩쌩하데이.

해방 전에 가끔 공습공보가 울리모 방공호 같은 데로 피신하기도
했다. 진영에 살 때 중국인들이 이웃에 마이 살았는데 우리는 그 사람
들 보고 '시나찡[지나인]'이라꼬 막 놀리 묵고 했다. 진영에서 국민학교
(현 초등학교)에 들어갔는데 그때 해방됐능 기라. 고때쯤 해가꼬 다른
집을 얻어서 살았는데 함안이 고향인 주인집에서 본 미싱이 지금도 기
억에 생생하다. 12~3살 무렵에 부산으로 이사를 왔다. 부산으로 와가
꼬 부민초등학교에 다녔는데 다시 거제도로 이사를 가는 바람에 거제

일운국민학교에서 졸업했능 기라. 중학교 1학년 때 한국전쟁이 터졌는데 얼마 안 지나가꼬 우리 마을에 포로수용소가 생기능 거도 봤거등. 수용소 관리하는 미군 부대 군인들이 날로 이뿌게 봤는지 미군 부대 하우스보이로 3년쯤인가 있었제. 영어책 사서 공부도 하고. 전쟁이 끝나고 부대에서 잘 돌봐주던 미군이 같이 미국 가자고 했는데 어머니가 못 가게해서...갔으모 내 인생도 마 이래 안됐을끼구만...

- 천이나 미싱을 다루시는 감각이 어머니로부터 물려받으신 거 같습니다. 당시 미군부대 주변에는 미군들 상대로 어머니들이 일감도 많았다고 하시던데 관련된 일이 있으셨어요?

어머니가 달러장사를 했다 아이가. 미군들이 쓰는 군표라는기 있는데 그걸 딸라로 바까주는 건데 제법 남는 장사였거든. 나는 어머니 심부름으로 군표 들고 부산에 와가 딸라로 바까 가곤 했다아이가. 그때는 미군 상대하는 거는 뭐든 돈이 됐는 기라. 미군들이 먹는 깡통에 들은 제품이나 뭐 그런거 구해다가 밖에 팔고 그 사람들이 입는 군복 같은 것도 빨아 갔고 해서 곱게 다리가 갖다 주고 하고 제법 그 수입이 괜찮았능 기라.

김 옹은 당시 거제도 포로수용소와 관련한 기억을 생생하게 가지고 계셨다. 김 옹의 기억 속에 있는 포로수용소 관련 내용을 정리해 본다.

당시 포로수용소가 되었던 거제의 양정과 고현은 대부분 산비탈이었다. 어느 날 'PW'라는 글자를 등에 새긴 옷을 입은 사람들이 산 정상부에서 아래까지 여러 줄로 나란히 서서 작업을 하고 있었다. 산 위에서부터 비탈진 곳을 가로로 평탄화하는데 이때 생긴 돌들을 손을 거쳐 아래로 내리는 데 불과 며칠 만에 땅이 평지로 개간되었다. 중장비도 없이 괭이와 삽으로 땅을 일구면서 큰 돌들을 늘어선 사람들의 손을 거쳐 운반하는데 그 속도가 보통 빠른 것이 아니었다. 역시 인력이란 것이 무섭다는 걸 느꼈다. 포로들이 가끔 수용소 바깥으로 나와서 일을 하고 돌아가곤 했다. 수확 철 논을 그들이 한번 지나가면 논은 그야말로 폐허처럼 변했다. 여문 나락을 그냥 맨손으로 까부켜서 입에 털어 넣었다. 얼마나 배가 고프면 저럴까 하는 생각도 났지만 주민들의 피해는 이만저만이 아니었다. 포로수용소 내에서 일어나는 일들은 대부분 목격했다. 친공산주의 포로들이 벌이는 인민재판도 보았고, 딘 소장을 납치해서 일으킨 폭동도 보았다. 무엇보다 밤에 반대파들을 즉결 처형하여 시신을 토막 내어 변기통에 버리는 것 등.

당시 살고 있던 마을 주변에 피란민들이 많았다. 그때 마을 사람들의 인심이 좋아서 무엇이든 나누어 먹었다. 그런데 시간이 지나면서

효성제모 김양종 사장님

피란민들이 마을사람들이 나누어 준 물건으로 장사하는 것을 목격하고는 마을 인심도 변했다 한다.

- 부산에는 언제 무슨 일로 오시게 된 건가요?

전쟁 끝나고 열다섯 여섯쯤 부산에 왔는데 보수동에 셋째 누님이 살고 있어서 부산에 취직 할라고 왔었지. 지금 보수동 중부산 세무서 맞은편에 있던 이발 가게에 취직을 했다. 기술이 없어가 이발 끝난 손님들 머리 감겨주는 일을 했다. 그때 중부산 세무서 자리가 치안국인데. 치안국 직원들이 손님으로 마이 왔다아이가. 나중에 면도하는 기술을 배왔는데 면도 끝나면 손님들이 팁을 주는데 매일 깡통에 모아가 집에 가서 어머니 드리고. 근데 쫌 지나서 같이 일하던 한 사람이 자꾸 못살게 구는 기라. 아마 내가 팁을 많이 받으니까 질투를 한 모양이라. 계속 못살게 굴어가 마 이발소도 그만뒀다 아이가.

-손으로 하시는 건 다 자신이 있으셨나 봅니다. 모자는 언제 처음 만드시게 되셨는지요?

당시 보수동에 살던 셋째 누님 매형이 집에서 모자를 만드는 일을 하고 있었어. 피란 시절 보수동 산자락에만 항도고등학교하고 오산고 등학교하고 이래저래 4~5개 피란학교가 있었다 아이가. 매형은 미군 오바 천을 염색해가꼬 모자를 만들어 학생들한테 팔았능기라. 미군 군복은 종류가 여러 가지가 되가꼬 그래서 천도 가지가지인 거라. 헌 미군 군복들 사다가 염색해서 학교마다 특색있게 모자를 만들었다 아이가. 매형은 모자 만들면 도떼기시장이라 카는 지금 국제시장 가서 팔고 왔다. 화폐 개혁 전에 쌀 한 되 1만 원씩 안 했나. 돈 가치가 없어가꼬 매형이 모자 팔면 돈을 한 푸대씩 자루에 담아서 안 왔나.

그때 피란학교는 있는데 학생이 없어가꼬 학교마다 학생모집을 하는데 그래서 내는 백남중학교 3학년에 편입해서 학교 다녔다. 낮에는 매형 집에서 모자 만드는 거 돕고 밤에 야간학교에 다니고. 내가 모자 만든 게 이래 시작행기 60년 넘게 한기라.

- 집안 분들하고 같이 모자사업을 하신 건데 독립은 언제 하셨나요?

매형이 학자금을 안 주능 기라. 얼마나 속이 상한지 매형하고 사는 동안에 위장병도 앓고 그랬다. 월급도 안 주고 공부도 안 시켜주가꼬 어머니하고 매형 집 나와가꼬 아미동으로 이사를 안 갔나. 열여덟인가 아홉에... 아미동은 하꼬방이 천진기라. 그라고 그 동네 애들은 밸라도 억수로 밸랐다. 신발 옆에 칼을 차고 다니는 게 보통잉 기라. 걸핏하모 싸우고, 싸웠다카모 칼 들고 설치고. 아이고 말도 말아라.

아미동에 가가 먼저 미싱을 한 대 샀다 아이가. 손으로 하능 거는 금방 배우능 기라. 모자 맹그는 기술은 벌써 손에 익어서 혼자서 모자 만들 자신은 있었다 아이가.

- 아미동으로 옮겨서 독립하신 뒤에 변화는?

23살 되던 1958년 2월에 결혼을 했다. 거제 지심도에 살던 처녀를 큰 매형이 중매를 섰는데 결혼하고는 넷째 매형이 살던 아미초등학교 뒤 납골묘와 도랑 사이 하꼬방(판잣집)에 세 들어 살았다. 집사람하고 모자를 만들어 국제시장에 내다 파는 게 제법 장사가 되고 어머니는 집에서 막걸리를 담아 팔고 그래 살았다. 결혼 이듬해인 1959년에 사라호 태풍이 왔지. 그때 우리집은 매형 집 뒤 암자 옆 바위 위에 판잣집을 짓고 살았는데 밤새도록 태풍 바람에 집이 날아갈 꺼 같애가 근처 돌을 날라가 집을 온통 꽁꽁 묶으면서 밤을 새고 다음 날 아침에 일나이까네 옆에 있던 암자가 통째로 날아가고 바로 아래 학교 초소가 바람에 굴러 길 아래 언덕에 누바있더라. 시내로 내려가이까네 자갈치도 엉망이고 남부민동 해안가는 배가 방파제를 넘어와가 육지에 드러눕었다 아이가. 태풍이 지나간 뒤에 집 근처에 산신당이 반쯤 부서져 있어가 사람들이 헐라꼬 카능기라. 그래서 내가 목재를 헐값에 사서 집을 다시 지었다.

- 모자는 판로가 괜찮으셨는지?

1960년대쯤인가 학생 모자 만드는 게 너무 단순한 기라. 먼가 다른 것도 함 만들어봐야겠다는 생각이 들데 그래가꼬 일반 모자를 만들어 안 팔았나. 장사 잘 되드라. 그때 광복로에 야시장이 열렸는데 모자는 내가 처음 시작한 기라.

야시장 점포를 세 개나 했다아이가. 야시장에는 없는 기 없었다. 옷, 시계, 악세사리, 길거리백화점 아인나 마 그렇기라. 그때는 머 볼거리도 없는 시절이라서 야시장에 돌아당기는 기 재미도 있고 싱기했능

갑더라. 그라이 야시장에 오는 사람들이 안 많았나. 내가 만든 모자도 도매가격으로 파니까 장사도 절로 잘되제. 그래가 1961년에 보수동 길가에 있는 점포도 하고 집도 되는 2층 건물로 샀다 아이가. 돈이 쫌 부족항 거는 처갓집에서 빌리고.

- 모자 도매로 성공하신 거네요. 건물도 사시고?

26살 나이에 모자공장 사장되고 집도 산 거는 나름대로 출세한 거지. 그때 건물 옆에서 장사하던 다른 모자집도 인수하고. 잘나갔다. 그때가. 야시장은 펼치기만 하면 장사가 되고.

근데 내가 뭣이 씐는지 머라카노. 호사다마가 왔능 기라. 하루는 보이까네 야시장에서 같이 장사하던 한 사람이 쪼매 이상항 기라. 그래가 보이 도박에 빠졌는데 장사는 뒷전이고 밤마다 어디로 가가 다음날 이모 돈을 빌리 달라 카는데 머가 수상항기라. 알고봉께 도박에 빠져가 있능 기라. 좋게 말로 달래도 안 듣고. 그래가 내가 내친김에 사람 하나 구해야지하는 마음이 앞서가꼬 우선 무신 도박판인지나 알고 충고를 해야겠다 캐가꼬 같이 도박판에 안 갔나. 옆에서 한참을 구경하니까 내 같으면 돈을 딸 수도 있겠다 싶드라꼬. 그래가 끼어든 기. 마, 원정 사기도박단에 넘어강 기라. 내가 돈도 있어 보이고 하이께 약간 어리숙하게 하면서 끌어 들잉 기라. 결국 며칠 앙 가더라. 마 집 한 채를 순식간에 날리삥기라. 사기도박인 거를 뒤에 알고 경찰에 신고하고 바로 갔는데 전부 사라지고 엄드라. 며칠 사이에 그동안 핸 고생이 다 물거품이 된 기라. 아이고 마 얼굴이 하얗게 사색이 되가꼬 우짜꼬 우짜꼬 카고 있었능 기라. 쪼깨 정신 차리가꼬 집에 가맨서도 마누라 알모 큰일 날 낀데 카는 생각 뿌잉기라. 그라면서 집에 갔는데 마누라가 이야기를 듣더만 "마 우짜능교 다 잊어뿌소. 이미 엎질란거 자꾸 생각하모 사람만 더 상한다." 카능 기라. 뭐 화도 안 내고 도로 더 걱정을 해주는 기라. 그라이 정신이 바짝 드능 기라. 그래가 더 빨리 성공해야지 생각이 안 들었나.

그라든 중에 아는 사람이 황금 분석소를 하면 돈 된다 캐서 귀가 솔깃해가꼬 같이 동업했다 아이가. 범일동에 사무실도 내고 그런대로 운영이 좀 되는 거 봐가면서 학생복 사업도 했다. 또 근데 한창 재미 있을라 하니까 사고가 나능 기라. 아는 사람이 부탁해 가지고 어음을 바까줏는데 어음 발행한 사람이 갑자기 죽어가꼬 내가 몽땅 뒤집어 썼다 아이가. 돈이 컸다. 마 하늘이 쾅 무너지는 기분이더라. 그때가 1970년대 중반, 내 나이 40대 초반에. 해결이 안 되능기라. 마 결국에 는 보수동 건물 팔고, 야시장 점포 3곳도 팔고 대신동으로 왔다.

- 대신동으로 오신 특별한 이유가 있으셨나요?

대신동은 학교가 많았다 아이가. 그라이 학생 모자 장사도 잘 될 꺼 라고 생각했제.근데 그때 우리 집 아 들이 국민학교부터 중학교까지 5 명이니까 마누라하고 일곱 식구에다가 동서 가족까지 합하모 11명 대 식군기라. 그라이 점포딸린 집 구하기가 어려븐 기라 집 구한다꼬 쌩 고생 고생하다가 집이 하나 나왔능 기라. 집터가 흉흉해가꼬 식구 많 은 사람이 와서 살면 좋겠다고 선뜻 내놓은 가게가 나타났어. 그리 크 지는 않는데 살만은 하겠데. 그래가 1층 가게 바닥을 높혀가꼬 창고처 럼 만들고 2층 계단 아래에 방 넣고. 우짜든지 내가 이리저리 그림 그

리고 다 해가지고 좁은 집에 공장하고 점포, 그리고 살림집까지 해가
지고 두 식구 11명이 그래 살았다. 근데 몇 년 안 지나가꼬 건물주인
이 바끼는 바람에 다시 이사하고. 대신동에서만 두 번 더 이사하고 지
금 여기까지 왔다."


　모자 하나로 인생의 승부를 걸고자 했던 김 옹은 한 때 교복에도 잠
시 손을 대었고, 호구지책으로 사진현상소도 잠시 겸업을 할 수밖에
없었다. 그런 과정에 1982~85년 두발 및 교복 자율화로 인하여 크게
낭패를 보았다. 어쩌면 시장 수요가 안정된 학생복과 학생모에만 너무
안주한 탓인지도 모른다. 시간이 지나가듯 상품의 시장 흐름도 바뀌
는 것에 대해 신경을 쓰지 않았던 것이다.

　모자에 관해서는 어떤 것이든 한 눈에 보고는 그대로 만들 수 있다
는 자부심을 지니고 있다. 게다가 사람의 취향이나 두상과 두발에 맞

추어 그 사람만의 특징적인 모자를 만드는 능력도 그가 가진 노하우
란다.

- 근래에 모자와 관련해서 특별한 사건이 있으시다면서요?

가장 보람이 있었던 게 영화 '친구'. 그 영화 주인공들 모자를 내가
만들었다 아이가.

1960~70년대 모자 사진만 보고 그대로 만들었는데 그때 주인공마
다 맞게끔 다르게 모자를 만들었는데. 이 모자를 쓰고 연기하면 영화
속 분위기처럼 약간 껄렁한 스타일이 나타나도록 만들었는데 영화 소
품 담당자가 좋아했제. 같은 형태 모자라도 사용하는 재질 따라 분위
기 느낌이 달리 보이게 할 수도 있거등. 캡형 모자도 창 길이에 따라
분위기 달라지게 할 수도 있고~

영화 '암살'에서 전지현의 매력을 발산시킨 요인 가운데 하나가 그가
영화 속 역할에 따라 사용한 모자들이 한껏 분위기를 도왔다는 것이
세간의 평이다.

20세기 패션 아이콘이던 오드리 헵번도 영화 '티파니에서 아침을'에
서 챙이 커다란 캐플린 모자를 착용한 이후 절제된 우아함을 상징했
다는 평을 듣고 있다. 특히 그녀가 출연한 모든 영화에는 아름다운 모

자들이 유난히 많이 등장한 것도 영화의 극적인 요소를 살리는 데 큰 힘이 되었다 한다.

우리나라에서 모자 하나로 강소기업 대열에 들어선 기업이 있다. 1999년 서울 종로구 삼청동에 4평 규모의 매장에서 출발했는데, 개성 있고 독특한 제품을 쫓던 이들에게 입소문이 나면서 성공의 길에 들어섰다고 한다. 모자 하나만으로 연간 50억 매출을 올리는 이 업체는 모자를 '작품'으로 생각하고, '제품이 아니라 작품을, 가격이 아니라 가치를 판다'는 기업 이념으로 운영하고 있다.

영안모자, 다다실업 등 세계적으로 한국 모자 산업이 인정받고 있다. 단순히 '싸게, 잘 만들기 때문'이 아니라 한국인이 지니고 있는 모자에 대한 철학과 DNA를 한껏 발굴할 필요가 느껴진다. 2010년 전북 전주에 아시아 최초로 모자박물관이 설립되었다. 전통모자와 현대모자에 이르기까지 다양한 모자를 접할 수 있는 이곳에서는 갓·유건·패랭이 등 선조들이 썼던 모자의 의미와 이야기들도 함께 접할 수 있다고 한다.

마지막으로 모자 주문은 많으신지 여쭈어 보았더니 요즘은 단체 주문 모자를 만드는 일이 가끔 있다고 하신다. 개인의 개성에 맞춘 모자를 만드는 것도 예전에는 다소 있었으나 점포의 위치가 다소 외진 곳인데다 마치 어수선한 가내공장처럼 보여 고급 손님은 거의 없다고 하신다.

우리 나이로 만 80세에 이른 김 옹의 과거사를 들으며 근대사의 굴곡 속에 살아온 부모님 세대의 삶과 더불어 한 분야의 장인이 자리매김할 수 있는 방안은 없을까 하는 안타까움이 앞섰다.

취재를 마치고 나오면서 어쩌면 그 시절 모든 아버지 어머니들의 힘든 질곡 인생을 함축한 듯한 이야기들을 떠올리며 가슴이 더워졌다.

도시재생에 많은 재원을 투자하고 있는 부산에서 모자 하나로도 지역 재생이 가능한 동네가 없을까 하는 생각이 끊이질 않았다. 연간 매출 50억은 못 미쳐도 잘 만하면 2~3억은 올릴 수 있는.

부부가 기거하는 실내의 모습

155

충무동 해안시장의 시꼬미상점
-선원용품 시장

김한근 | 부경근대사료연구소 소장

서구 충무동 로터리 인근 부산은행 뒤편 일대에 충무동 해안시장이 있다. 남항에 접해 있는 이곳은 광복로와 부평시장과는 다른 마치 잡화상 가게와 같은 시장 풍경을 볼 수 있다. 자갈치시장에 인접한 해안가이니 생선가게는 당연히 있을 법하지만 구제품 옷가게부터 채소, 건어물, 과자류, 식육점 등 다양한 업종의 가게와 좌판이 늘어서 있어 특이한 분위기를 보여준다.

그중에서도 한 평 남짓한 선술집에서는 생선구이, 돼지껍질 요리, 선지국 등이 찬바람 이는 호주머니 사정에도 소주 한 잔 정도는 할 수 있는 지극히 서민적인 풍경 또한 이곳만의 매력이기도 하다.

이 일대 가게들 대부분이 세를 내고 입주한 가게의 평수보다 더 넓은 면적이 도로를 차지하고 있다. 도로를 수 미터씩 점령해서 물건을 펼쳐 놓아도 아무렇지 않게 보이는 모습을 마주하게 된다. 게다가 해안 물양장을 경계 지은 철제 펜스를 따라 수백 미터에 이르는 무허가 노점들이 마치 생선 비늘처럼 이어져 있는 모습 또한 이곳만의 풍경이다.

해안시장에서 자갈치 방면으로 도로는 원래 왕복 2차선 정도로 족히 여유 있어 보이는 폭을 지녔다, 하지만 가게마다 밖으로 내민 상품들과 무허가 노점으로 인해 차량 통행은 거의 불가능하다. 해운대, 동

래 등 제법 도시의 격(?)을 갖춘 지역에 오래 살다 온 분들은 거의 무
질서에 가까운 이곳에 두려움(?) 마저 느낄 정도라는 표현이 그리 낮
설지 않다. 아직도 추석이나 설 명절이 임박한 시기에는 걷는다기보다
사람에 밀려 이동하는 곳이지만 필자가 보아온 지난 40여 년간 요즘
이 오히려 덜 붐비는 느낌이다.

산복도로에서 한국전쟁 피란 시절 이후 오랫동안 무질서와 혼돈의
상징이 되었던 부산의 주거 모습을 볼 수 있다면 이곳은 그 시절의 시
장 모습을 잘 드러내고 있는 장소이다.

가게를 정리하고 있는 주인

부산에서 가장 서민적이고 낮은 얼굴로 손님을 맞이하는 시장이자 부산 근현대 역사의 민낯을 그대로 보여주는 기억의 장소이기 때문이다.

 충무동 해안시장 일대는 보수천 하구와 맞닿은 바다였다. 1900년대 초 이 일대는 목선을 건조하던 곳이고 1910년대에는 남빈 해수욕장으로 이용되었다. 1929년부터 시작된 제2기 남항 매축공사가 1939년 완공되면서 뭍으로 변했다. 일제강점기 남항 매축공사를 시행했던 일본인 사업가 이케다 샤추[池田佐忠]는 충무동 로터리에 남항 매축기념비(南港埋築記念碑)를 세우기도 했다.

 해방 후 해안시장과 새벽시장 경계지점에 부산시에서 쓰레기를 버리는 쓰레기장이 형성되었고, 다른 한쪽에는 땔감시장이 펼쳐져 해안가에 장작들이 수북이 쌓여 있기도 했다. 한국전쟁 피란 시절에는 특이한 오일장이 형성되었다. 하동, 통영(당시 충무) 등 남해안 각 지방의 농수산물들이 이곳 해안 물양장에 부려지면서 매월 4, 9일 오일장이 열린 것이다. 70년대까지 장이 서는 날에는 남해안 지방에서 온 약 40여 상인들이 농산물을 비롯한 각종 건어물 등을 펼쳐놓고 팔기도 했다. 이 해안 오일장이 오늘날 충무동 해안시장으로 발전하게 된 계기가 된 것으로 보고 있다.

해안 오일장은 매월 4, 9일 하동에서 오는 세 분의 상인이 각종 곡물류를 트럭에 싣고 와서 그 명맥을 유지하고 있다.

1960년대 이후 산업화가 진행되면서 내륙에서 각종 공단이 형성되던 시기 해안지역에는 수산업이 서서히 활기를 띠기 시작한다. 영도 대평동에는 선박수리업이 크게 번성하고 바로 건너편인 충무동 해안은 어선 정박지로 자리를 잡기 시작했다. 인근 자갈치 해안의 수산물 유통시장과 맞물려 어업 관련 업종들도 문전성시를 이룬다.

보릿고개라는 표현처럼 농촌 살림이 어렵던 시기 농어촌지역 청년들이 원양과 근해어업이 한창이던 부산지역으로 대거 몰려왔다. 1960년대 중반 이후 풍경이다. 당시 연안어업을 하는 배에는 특별한 기술이 없어도 그저 몸만 건강하면 취업할 수 있었다. 연안어업의 활황으로 경력 있는 선원을 구하기 힘들었기 때문이다.

1956년 서구 남부민동에 설립된 부산 해양고등학교에서 선원 양성 과정을 교육하여 배출했다. 하지만 이곳 출신들은 항해사나 기관장과 같은 사관급 선원이 되거나 연안어업보다는 돈이 되는 원양어업을 선호하였다. 그렇다 보니 연안어업에서 그물을 내리고 올리는 등의 일을 하는 하급 선원은 초보자라도 쉽게 받아 주었다. 처음 어린 나이에 배를 타면 밥을 짓는 '화장'이라는 직책에서 시작하여 서서히 단련되면 고기를 잡는 갑판원이 된다. 이후 뱃일 틈틈이 엔진기관 등을 눈썰미 있게 살피다 기관원 자격을 따기도 하고 혹은 항해사를 거쳐 선장이 되기도 한다. 지금은 선장이나 기관장, 항해사 등 사관급은 전문학과나 양성과정을 거쳐 배출되지만 60~70년대에는 하급선원에서 시작하여 선장까지 오르는 일이 비일비재했다. 과거 어탐기도 없던 시절 이들은 경험과 감각만으로도 나갈 때마다 만선으로 돌아왔다. 당연히 그들의 급료는 올라갔고 '통영 박 선장', '포항 김 선장' 등으로 부르는 게 몸값이라는 신화(?)를 만들었다.

우리나라에서 어업의 기준은 조업구역과 해역에 따라 연안어업, 근해어업, 원양어업으로 구분한다. 연안어업은 해안지역 어촌에서 주로 행하는 당일 조업이다. 근해어업은 보통 보름 단위 어업에서 길게는 두 달 정도 해상조업을 하고 원양어업은 대부분 1년 단위 조업을 한다. 연안어업이나 원양어업의 선원들은 일단 항해를 떠나면 주. 부식을 제외한 나머지 개인용품은 스스로 준비해야 한다. 치약과 칫솔을 비롯한 속옷, 읽을거리 책자, 작업복 등 십수일에서 수십일 혹은 1년 동안 개인이 필요로 하는 물품은 취향에 따라 스스로 준비하는 것이다.

이들 근해어업이나 원양어업 선원들을 위한 선원용품 시장이 1960 년대부터 충무동 해안시장에서 보수천 하구에 이르는 자갈치 해안로에 형성되기 시작했다. 지금은 다양한 생필품을 구비하고 있는 대형마트들이 골목마다 있지만 당시로서는 이러한 물품들을 한 곳에서 구비할 수 있는 곳이 없었기 때문에 선원들을 위한 개인 용품을 취급하는 상가가 들어서게 된다. 1970년대 이 일대는 선원 용품 가게가 30여 곳이 늘어서 있었다. 이들 선원용품 시장을 사람들은 '시꼬미시장'이라 하였다. 일제강점기를 거치면서 일본어를 그대로 차용하여 사용하는 것들이 많은데 어업 분야에서도 마찬가지이다.

'시꼬미[しこみ, 仕込み]' 역시 작업 준비 혹은 준비작업이라는 일본어를 그대로 사용한 것으로 여겨진다.

약 50년 가까운 역사를 지니고 있는 자갈치 해안로 시꼬미시장은 20여 년 전부터 다양한 물품을 구비하고 있는 대형마트에 눌려 서서히 문을 닫기 시작한다. 대부분 폐업하거나 업종을 전환하고 일부 대여섯 남짓 남은 가게들은 담요와 이불 등 침구류를 판매하거나 저가의 무명 브랜드 옷가게로 변하여 근근이 영업을 유지하고 있다.

자갈치해안로에서 35년 동안 가게를 운영하고 있는 김야희 씨는 충무동 해안의 시꼬미가게의 산증인 가운데 한 분이다. 제대로 된 간판도 없이 천막가게 한 귀퉁이에 경남상회라고 조그맣게 표기된 팻말만 달고 있다. 전남 여수에서 태어나 결혼 후 부산으로 왔다고 한다. 부산으로 오게 된 계기가 이곳 해안시장에서 옷가게를 하고 있던 시숙의 일을 남편과 함께 돕기 위해서였다. 어느 정도 장사에 대해 일머리가 트일 무렵 선원 용품 시장이 활기를 띠는 것을 보고 되겠다 싶어 남편과 함께 가게를 열게 된다. 1982년이었다. 여수가 고향인 남편의 지인들 가운데 선원들이 많아 그들을 단골 삼아 시작한 것이 차츰 입소문으로 자리를 잡아갔다. 워낙 부지런하고 싹싹한 성격이어서 주변 가게보다 장사가 잘되었다. 그러다 부산지역 원양어업의 대부격인 대형 수산회사 소속 선원들이 단골로 드나들면서 일대 30여 가게 가운데서도 단연 두각을 나타냈다. 여성의 힘으로 다양한 물품들을 구비하고 운반하는 게 어렵지 않았냐는 질문에 그저 힘이 남아돌았다며 웃는다. 주문량이 많으면 별도로 통선을 불러서 한 배 가득 싣고 외항에 정박해 있는 배에 직접 실어 나르기도 했단다.

아들이 둘 있는데 큰아들이 현재 마흔이고 둘째가 서른일곱이란다. 이야기를 나누다 보니 큰 아들이 여섯 살 때부터 이 일을 시작했는데 육아의 어려움은 없었는지 궁금했다. 처음에는 등에 업고 일을 하다 나중에는 유치원 종일반으로 보내 해결(?)했다 한다. 그래도 낮에 힘든 일을 하고 육아와 가사까지 겸해야 하는 것이 어려웠을 거라 위로

이불을 팔고 있는 모습

하니 뜻밖의 답을 한다. "남자가 돈을 벌어서 가족을 믹이 살리는 기 맞는데, 남자가 못 벌모 여자가 벌어야 한다 아임니꺼. 요새야 시상이 변했는지 몰라도 그때는 그기 당연했능 기라요. 그라고 여기는 새벽 다섯시 반에 나와서 저녁 여섯시 되모 닫응께 집안일 하는데 큰 문제 가 없어예. 새북에 쫌 바빠서 그렇지."

　인근에 충무동 새벽시장이 있어서 새벽 5시부터 일대에 손님들이 몰려오기 때문에 문을 여는 새벽 시간 대 영업이 하루 매출의 반 이 상을 차지한단다.

　1982년 가게를 시작했으나 1990년대 이후 대형마트를 이용하는 고 객들이 늘면서 서서히 내리막길을 가게 된다. 1990년대 중반 가게를 처분하고 대신 바로 맞은편 도로변 무허가 가게를 인수하여 혼자서 운영하고 있다. 지금까지 풍찬노숙처럼 천막가게를 운영한 게 20년 정도 되었다 한다.

　선원들을 상대로 영업을 한다는 게 만만치 않아 보였다. 일반인들
은 잘 모르지만 보름 단위로 조업을 하는 근해어업은 보통 항구를 떠
나 1~2일 정도 가야 어장에 닿는다. 물론 어종과 계절에 따른 차이는
있다. 그곳에서 어군을 만나면 기본 2~3일, 때로 3~4일간 잠도 못 자
고 마치 사투를 하듯 조업을 해야 한다. 마치 노다지를 그냥 지나치지
않는 상황과 꼭 같다. 그런데 이런 상황에서 조업 중 불의의 사고를 당
하는 경우가 적지 않다. 바다의 삶은 때로 목숨을 담보로 한다. 그러
니 이들이 용왕 신앙을 그냥 믿겠는가. 만선의 기쁨뿐 아니라 무탈도
기원하게 되는 것이다. 오랫동안 선원들을 상대로 장사를 하다 보니
그들의 형편과 상황을 누구보다 잘 이해하면서 거래를 해 온 것이 큰
힘이 되었단다.

　장사는 기본적으로 상품 구색을 갖추는 게 큰일이다. 그러면서 생기
는 재고부담은 어떻게 하는지 물어보았다.
　"저는 재고 걱정은 안 해요."
　"왜요?"
　"가급적이면 나가는 물건 중심으로 구비하는데 어쩌다 안 나가는 물
건이 있으면 단골 선박 회사에 납품하모 되는 기라예."

"예?" "어떻게?"

"제가 취급하는 게 모두 언젠가는 누군가에게 필요로 하능 긴데 이거 안 팔리겠다 싶으모 단골 회사에 원가로 준다카모 다들 오케이 하능 기라요."

현재 운영 중인 가게가 무허가 천막노점이어서 세 부담이 없어서 그나마 견디지 인근 가게 10평 기준이면 월세가 100만 원이 훌쩍 넘기 때문에 가게를 얻어서는 결코 이 장사를 못 한다고 한다.

무허가라 어려움이 따를 것 같았지만 일단 시장 상인회에 꼬박꼬박 상인회비를 내고 있어서 업권은 보장받고 있다 한다. 혹 주변 정비사업과 같은 일들이 벌어지면 하루아침에 나가야 하는데 그런 걱정은 안 하시는지 물어보니 다행히 그런 일은 없단다. 조만간 연안정비사업을 통해 도로포장 등이 새로 되는데 그때 잠시 가게를 치우고 다시 시작할 수 있도록 조치가 되어 있단다.

이런 장사를 하면서 세태 변화같은 걸 느끼시는지 여쭈어 보았다.

"처음에는 숙녀복이 잘되다가 점점 남성복을 찾는 사람들이 많아서 그걸 또 했는데 지금은 침구류 같은 기 잘 나가예."

천막가게여서 화재나 도난 등의 피해는 없었는지도 궁금했는데 그런

일은 한 번도 없었단다. 다만 2003년 추석날 밤에 몰아친 태풍 '매미'
로 인한 피해가 가장 컸다고 한다.


"태풍이 온다 케서 단단이 단도리 해놓고 갔는데 새북에 나와봉께
로 가게 일대에 무릎까지 물이 차가 있고 천막도 엉망이 되가꼬. 어떻
거는 물에 둥둥 떠 있고. 말도 마이소 그때는."


누구나 마찬가지이듯 천재지변으로 인한 피해보상은 기대하기 어렵
다. 더구나 천막노점이니 더욱더 그렇다. 당시 심정을 여쭈어 보았더
니, "하도 기가 차서 눈물도 안 나오데요. 마 다 치우고 새로 시작했지
예."

고난은 억척을 이기지 못한다는 말이다.

노점을 운영하시면 아무래도 신상품 정보에 눈이 어두울 거라 생각했는데 뜻밖의 답을 하신다.

"물건 떼러 가보모 알아예. 어떵기 신상품이고, 어떵기 유행할 거라는 거. 장사하다보모 다 비능기라요."

장사하면 보인다. 역시 베테랑이셨다.

단골을 얼마나 확보하는지에 대해 물어보니 처음 문을 열 때 손님들이 아직도 이용하고 있다고 한다. 무려 30년이 넘는 단골손님이 아직도 있다는 것이다. 선원들이 필요로 하는 물품들을 그들의 주머니 사정이나 기호에 맞게끔 잘 선별해 권하는 특별한 노하우 덕택이란다.

이야기를 나누던 중 손님이 왔다.

물건을 이리저리 들춰보다 가격을 묻는다. 얼마라고 답하니 비싸단다. 주인의 맞답이 걸작이다.

"그기 비싼 건데 우짜라꼬!" 툭 내던지듯 답하고는 곧 가격을 흥정해서 팔았다. 길거리에서 수십 년간 온갖 종류의 손님을 맞이하다 보니 그저 툭 내던지는 한마디에도 장사수완을 발휘한다. 그렇다. 그녀는 베테랑이다.

가게에서 팔고 있는 인형들

다시 가정사가 궁금했다. 아들의 나이 터울이 세 살이면 큰 아이 챙기고 돌아서면 작은 아이 챙겨야 하는 것 때문에 많이 힘들었을 거라고 위로하였다. 그런데 마침 작은 아이는 여수에 있는 친정에서 키웠다 한다. 친정집은 소형 어선으로 어업을 하고 있어 그다지 어려운 살림이 아닌 데다 외손주를 예뻐해 기꺼이 맡아주셨는데 지금도 그것이 한없이 고맙단다.

우리나라 근현대 수산업 변천사의 한 부분(?)이 되었던 선원 시꼬미 가게도 이제는 사라져가는 업종이 되었다. 수많은 선원의 땀과 노고 덕택에 우리가 온갖 별미의 생선을 식탁에 놓을 수 있었던 이면에 그들을 위한 가게도 역사의 한 켠에 있었다.

거리의 잡화점 같은 충무동 해안시장. 이곳에는 선원들과 관련한 50년 넘게 자리한 다른 업종도 있다. 여인숙이다. 여인숙이 선원들과 무슨 관련이 있느냐고 반문할 수도 있지만 불가분의 관계가 있다. 어획량이 많은 시기에는 보름동안 조업 후 귀항하면 불과 4~5일 만에 다시 바다로 돌아가야 했다. 그 기간 동안 배를 지키거나 선박 수리 등으로 배를 떠날 수 없는 선원들이 있다. 집이 지방에 있는 선원들은 배가 정박해 있는 항구 근처에 머물러야만 한다. 대신 선원 가족들이 배가 정박한 곳에 온다. 고된 해상조업이지만 가족들을 위해 몸을 아끼지 않은 그들에게 가족방문은 큰 위안이 된다. 이들 여인숙은 선원 가족들이 만나는 장소인 것이다. 한때 20여 곳의 여인숙이 골목길 나란히 붙어 있었지만 지금은 10곳이 채 안 된다. 선원들의 급여가 과거보다 여유가 있는 데다 세태변화로 인해 더 나은 인근 모텔 등을 찾기 때문이란다. 그래도 남아있는 여인숙은 동남아 등지에서 온 선원들이 묵는다. 한 푼이라도 아껴 목돈을 마련하려는 일부 선원들에게는 비록 좁고 험한 여인숙이지만 그래도 미래 희망의 공간이다.

지금은 거의 사라졌지만 '니나노집'으로 불리던 주점도 한때는 이 일대에 즐비했다. 불과 서너 평 남짓한 공간에 짙은 화장을 한 여인들이 선원들에게 술을 팔며 잠시 말벗이 되는 곳이다. 술상이 펼쳐지면 그야말로 '니나노 닐리리랴~'하고 노는 곳이라서 니나노집이라 불렀다. 선원들은 기본 급여 외 어획량에 따라 일종의 보너스로 받는 배당금이 있다. 이 어획 배당금이 기본급보다 많을 때가 가끔 있다. 돈 개념이 명확하지 않은 선원들은 이를 마치 공돈처럼 여겨 고된 조업의 피로를 아가씨들과 희희낙락하며 흥청망청 쓰던 곳이다. 지금은 자갈치 공영주차장으로 변한 보수천 하구 복개지역이 1980년대 중반까지 이 일대 대표적 '니나노집' 골목이었다.

세월이 가면서 보다 전문적이고 체계화되는 과정에 이제는 차창 밖으로 스쳐 지나가는 풍경처럼 되어 버린 업종들이 늘어나고 있다. 시꼬미시장도 이제는 붉은 저녁노을을 뒤로 한 잿빛 하늘처럼 지는 업종이 되었다. 단순히 상거래만이 아닌 서로의 안부를 묻고 만선을 기원하던 선원들과의 수십 년간 애환이 거래되던 곳이 사라지고 있다.

마음이 허전하면 충무동 해안시장을 한 바퀴 휘휘 둘러보라고 권하고 싶다. 근근이 이어져 오는 시꼬미가게 뿐 아니라 50년 전통의 칼국수 가게, 4일과 9일 열리는 곡물상, 물양장 한쪽 귀퉁이에 장어통발 미끼를 꿰는 사람들을 볼 수 있다. 게다가 음력 10일 전후하여 이곳 물양장 일대에 펼쳐지는 생선 경매는 이곳 충무동 해안시장 일대에서만 볼 수 있는 풍경이다. 이곳은 시장이 아니라 마치 해안박람회장 같은 부산만의 독특한 풍광이기도 하다.

경남상회의 모습

photo by 쁘리야김

일도(一刀)에 온기가 돌고,
일각(一刻)에 숨결이 흐른다
-해인당

최원준 | 시인

무릇 사람 이름이란 특정인을 상징하는 대표적인 고유명사이다. 그 사람이 누군지, 어떤 사람인지, 무엇을 하는 사람인지를 이름으로 알아보고, 판단하고, 기억한다. 그리하여 이름이란, 한 사람의 일생을 고스란히 짊어지고 가는 의무이자 권리 같은 것이다.

특히 우리나라의 이름은 대부분이 한자로 지어져 그 뜻을 내포하고 있다. 때문에 이름을 지을 때 이름 받을 사람의 사주와 팔자를 파악하고, 이를 참고하여 무병장수하고 부귀영화를 누리는 이름을 주고자 노력한다. 그만큼 한 사람의 이름은 한 사람의 평생을 좌우하는 좌우명이자 인생 항로의 표지판이다.

그 이름을 문서화 하고, 이를 증명할 때 쓰이는 물건이 도장이다. 도장의 사전적 의미는 '돌이나 나무, 동물의 뿔이나 뼈 등에 개인이나 단체의 이름을 새겨 찍도록 만든 도구로, 문서상으로 그 신용을 증명하는 물건'이다. 신장(信章), 인(印), 인장(印章) 등으로 불리기도 한다.

세계 최초의 도장은 기원전 5000년경 메소포타미아에서 점토판을 이용해 스탬프처럼 찍는 형태가 그 시작이었다고 한다. 우리나라의 인장은 환웅이 환인에게 받은 천부인(天符印) 3과 중의 하나인 인(印)이 최초라고 한다.

도장은 문서상으로 자신을 대신하는 증표이자 자기를 나타내는 방법이다. 문서가 진본이라는 것을 확인하는 증표이거니와 등기나 집문서 등 모든 재산을 지키는 역할을 하기도 한다. 그래서 도장을 '사람

인, 믿을 신, 문장 장' '인신장(印信章)'라 하여 부적과 같은 역할을 하
기도 한다.

점포 외관

## 인장, 자신을 증명하고 대표하는 도구

부산데파트 옆에 위치하고 있는 도장포 해인당의 정천식 대표를 찾았다. 정 대표는 세상에서 자기를 증명할 수 있는 것은 '이름과 인장' 뿐이라고 말한다. 하여 인장은 자신을 인정하는 물건이기에 좋은 재료와 좋은 글씨를 사용해서 만들어야 한단다. 그래서인지 정 대표는 도장을 굳이 인장(印章)이라고 불렀다.

"공증된 서류에 도장을 많이 찍어야 재물이 많이 들어오잖아요. 그렇기에 자신의 이름과 맞고 자신의 서체와 맞는 도장을 지니고 있어야 하는 거예요. 개인의 이름과 도장의 성격이 맞아야 건강과 재산을 지키며 살아갈 수 있는 겁니다. 그래서 막도장이 아니라 손으로 직접 새긴 인장을 가지고 있어야 한다는 겁니다." 이러한 이유로 인장을 파기 위해서는 사용자의 일생까지 들여다봐야 한다는 것이 그의 평소 지론이다.

이렇게 이름에 깃든 뜻을 거스르지 않으면서, 나아가 그 이름의 복록을 더욱 북돋워 주고, 모자라는 부분을 채워주는 작업이 인장 작업이다. 이렇듯 이름을 새기는 작업은 여간 정성과 시간이 들어가는 것이 아니다.

인장업체 해인당 정천식 대표. 중학교 1학년 때인 13살부터 도장을 팠다고 하니 50년이 훌쩍 넘는 경력이다. 손재주가 많았던 그에게 도장 기술을 가르쳐 준 사람은 마을의 이웃 형. 그가 척척 새겨내는 조각 솜씨에 어린 마음에 자극제가 되어 칼을 잡기 시작한 것.

어릴 때부터 나무를 잡고 앉아 조각이라도 할라치면 마음이 그렇게 편할 수가 없었다고 한다. 바다에 가면 몽돌을 주워서 다 파고 싶고, 산에 가면 나무를 베어서 다 파고 싶었던 시절이었다. 당시 선생님의 도장을 유심히 보고 직접 칼과 도장 목으로 도장을 파서 친구들에게 10원씩 20원씩을 받고 팔기도 했단다. 일찍이 그 소질을 개발한 셈이다.

그렇게 새기는 것이 좋았던 그는, 28살 때부터 본격 인장업을 시작한다. 전화번호부에 있는 이름을 직접 새기면서 연습을 하던 시절이었다. 이런 그의 실력을 알아보고 여러 학교에서 도장을 의뢰하면서 그의 인장 인생의 황금기가 열리게 된 것이다.

한때 학생 600여 명분의 목도장을 한 달 안에 파기도 하고, 목도장 100여 개를 서너 시간에 파내기도 했다. 당시만 해도 칼이 한 번 지나가기만 해도 한 자 한 자 도장에 이름이 새겨지곤 했단다.

연말이면 중고등학교 전교생의 도장을 몇 날 밤낮을 지새우며 새겨내던 세월을 보내기도 했다. 이런 과정을 거쳤기에 지금처럼 작품으로 가치 있는 '인장'을 한 각 한 각 새길 수 있었다는 정 대표.

도장일을 하는 주인

## 인장 작업은 장인의 혼신을 담는 수행과정

그에게 있어 인장 작업은 수행과 같은 것이다. 좋은 인장을 새기기 위해 그는 평생을 공부하는 마음으로 서각과 한문 공부를 게을리하지 않았단다. 인장은 '장인의 혼신을 담는 그릇.'이기에 마음을 잘 다스리고 맑은 기운으로 인장을 새겨야 한다. 그래야 고객도 그 마음으로 인장을 사용하게 된다는 것.

"인장은 새기는 뜻을 알고 각을 해야 합니다. 손과 몸으로 새기는 사람은 기능인일 뿐이죠. 가슴으로 뜻을 담고 서각을 해야 비로소 장인이 됩니다. 인장을 잘못 파면 자신뿐 아니라 사용자도 잘못될 수가 있습니다. 그래서 잘못 새긴 인장은 가차 없이 버립니다. 인장을 새긴 후에는 제대로 만들어졌는지 찍어서 확인한 후, 마음에 들어야 그 인장을 건넵니다."

인장을 파고 난 후에는 측각으로 좌우명을 새겨서 보낸다. 이 좌우명으로 고객들이 더욱 행복했으면 하는 마음에서다. 이렇게 '좋은 집안에 딸 시집보내듯' 하고 나면 참으로 뿌듯하고 행복하다는 정 대표.

인장은 죽기 전까지는 늘 간직해야 할 물건이기에, 변하지 않는 천연 자연물을 재료로, 장인이 직접 손으로 조각한 것이라야 유효하다. 그것도 자신의 성명철학을 담아서 새겨야 자신을 대신할 수 있는 인장이 된단다.

"동판이나 고무 등 재료가 변하는 물질은 인장 구별이 안 되므로 인장으로서의 역할을 할 수가 없습니다. 그리고 똑같은 인장을 여러 개 만들 수 있는 컴퓨터 조각도 안 됩니다. 자신을 대신하는 물건이기에 타인들 것과는 달라야 됩니다. 세상에서 오직 하나여야만 인장으로서 가치가 성립되는 겁니다." 그의 말에 인장의 중요성이 무척이나 단호하게 들린다.

해인당 정천식 사장님

인장 재료에는 대추나무, 물소 뼈, 상아, 낙관은 옥, 해남석 등이 있다. 대추나무는 부작(符作)용으로 이름 안 좋은 사람들이 부적 대용으로 지니면 좋다고. 코끼리의 엄니인 상아 인장은 부처가 타고 다닌 영적인 동물이라 문서를 제대로 찍는 지혜를 준다. 또한 혼사 이바지 물목에 들어가는 귀물이기도 하다.

물소 뼈 도장은 재물을 상징한다. 물소는 비를 부르는 동물인데, 물은 풍요의 상징. 그래서 재물과 복을 부르는 인장이다. 이 모두가 방비용으로 쓰고 있지만 모든 것은 마음먹기 나름이란다.

그는 인장 재료도 직접 가공을 한다. 벽조목이나 옥돌과 같은 인장 재료들을 갈고 닦고 성형하다 보면 저절로 마음이 정화되면서 인장 작업도 잘된다고. 그러면 더 잘 만든 인장을 고객들에게 제공할 수 있어 더욱 보람 있단다.


도장에 사용하는 서체는 대략 7~8개. 전서, 해서, 행서, 초서, 예서, 전서, 고인체, 갑골문 등이다. 주로 전서체와 고인체, 해서체 등이 인장의 주요서체로 활용된다. 성명학에 의거한 획수를 활용하여 이에 걸맞은 서체로 이름을 새기는데, 남는 것은 덜고 모자라는 것은 그 획수를 채워서 각을 한다. 부적을 쓸 때처럼 이름이 같아도 사람에 따라 서체를 달리해 새겨주는 것도 그 때문이란다.

인장 작업은 대충 10여 가지의 공정을 거친다. 우선 인장을 주문한 사람의 이름을 감정하고, 성명학에 대입시켜 그의 운명을 풀어본다. 그리고 직업에 따라 도장재료를 정하고, 측각의 좌우명 문안을 정한 후 인각 작업에 들어간다. 인장 면에 주묵을 바르고, 포자를 한다. 글 모양을 잡은 후, 포자한 글자를 반대방향으로 쓴 후 한 각 한 각씩 새겨나간다.

그는 여타 도장업체와 달리 인장의 기둥에 측각으로 좌우명을 새겨준다. 사업하는 사람들에게는 '최선을 다하되 매일 새로움을 찾아라.'라는 뜻으로 '진인사대천명', '일일신우일신'을, 일반인들에게는 노후를 위해 공부와 건강을 저축하면 부귀광명이 찾아온다는 뜻으로 '부귀광명'을 새겨준다. 또 고객이 원하는 가훈이나 좌우명 등도 측각 해준단다.

도장을 파고있는 모습

## '부산인각연구소' 마련해 평생 학업에 정진

현재 '부산인각연구소'를 해인당 옆에 마련하여 서예와 서각도 아울러 공부하고 있다는 정 대표. 인각연구소에는 기와, 자갈돌, 목판 등 각종 재료에 새긴 작품들이 벽이며 선반이며 진열대에 빽빽하다. 각종 조각 도구와 붓대에 걸린 다양한 붓들도 눈에 띈다. 이곳에서는 이름과 글씨를 공부하고 성명학에 따른 서각 기법 등을 연구하고 있다.

"글 한 자를 파면 글 한 자를 배우게 됩니다. 인장 작업을 반평생 하다 보니 한자를 쓰고 새기면서 한문을 배우고, 한문으로 좋은 인생을 배우게 됩디다. 그래서 '직업 참 잘 선택했다'는 생각이 들더라고요."

그의 인장 노트에는 붉은 인주의 인장이 촘촘하게 찍혀있다. 낙관에서부터, 전각, 서각 등 각고의 노력한 흔적들이 영롱한 핏빛으로 붉게 물들어 있는 것이다.

좋은 인장 많이 파주는 것이 여생의 마지막 희망이라는 정 대표. 안경 너머 도장을 바라보는 눈빛이 매섭다. 스탠드의 불빛 아래 그의 손이 엄중하다. 그의 작업대 위에는 1호부터 5호까지 다양한 조각도가 가지런하게 정돈되어 있다. 연필로 글자의 틀을 잡고 붓으로 덧칠하는 등 포자하는 손길이 예사롭지 않다. 하기야 서실, 집, 가게에 붓을 세 개씩이나 두고, 시간 날 때마다 절차탁마하듯이 글씨 연습을 한다니 그럴 만도 하겠다.

"인장을 새기려면 서예는 필히 연마해야 하는 과정 중 하나에요. 이름 한 자 한 자에는 나름의 깊은 뜻이 배여 있어요. 때문에 이름을 새길 때는 반드시 성명학의 원리를 통해 사용자에게 맞는 인장을 만들어 줘야 합니다."

그의 섬세한 손길이 거치자 벼린 칼끝으로 글자가 한 자 한 자 일어선다. 일도 일도(一刀 一刀) 일각 일각(一刻 一刻). 새김질할 때마다 글자 한 자에 따뜻한 온기가 돌고, 또 한 자에 부드러운 숨결이 흐른다. 그의 칼끝이 움직일 때마다, 착한 사람의 아름다운 이름들이 자리를 채운다. 해인당 몇 평 공간에 사람의 향기가 화들짝 화들짝 피어오르는 것이다.

부산문화재단 사람 .기술. 문화총서 2

세월을 머금다 솜씨를 담다 부산의 점포

**초판 1쇄 발행**  2016년 12월 23일

**기획**  부산문화재단 기획홍보팀

**발행인**  부산문화재단 대표이사 유종목

**발행처**  부산문화재단

48543 부산광역시 남구 우암로 84-1 (감만동)

T. 051-744-7707  F. 051-744-7708 www.bscf. or. kr

**글쓴이**  김다희, 김대갑, 김한근, 동길산, 조갑상, 최원준

**편집위원**  강동수, 김대갑, 동길산, 쁘리야김, 홍동식

**책임편집**  조정윤, 구선미

**제작총괄**  도서출판 호밀밭

48267 부산광역시 수영구 수영로 668 화목오피스텔 808호

T. 070-8692-9561  F. 0505-510-4675  www.homilbooks.com

Published in Korea by homilbat Publishing Co, Busan. Registration No. 338-2008-6.

First press export edition December, 2016. Author BUSAN CULTURAL FOUNDATION

ISBN 978-89-98937-49-2
ISBN 978-89-98937-28-7 (세트)